Inhalt

 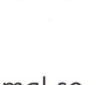

Wie konnte ich die Aufgaben im Kapitel lösen?

Aufgaben im Kapitel:	ohne Mühe	mit etwas Mühe	mit viel Mühe
In der Schule			
Im Herbst			
Das tut mir gut			
Im Winter			
Zeit sichtbar machen			
Im Frühling			
Zeit vergeht			
Was immer wiederkehrt			
Alles in Bewegung			
Das Rad kommt ins Rollen			
Mein Fahrrad			
Wir lernen Räume kennen			
Im Sommer			

Eigenes Arbeitsverhalten reflektieren und einschätzen: Innerhalb der Kapitel nach jeder Aufgabe Kreis ausmalen, mit wie viel Mühe/Anstrengung die Aufgabe verbunden war (unabhängig von Richtigkeit, Sorgfalt o.ä.), am Kapitelende die Anzahl der Bewertungen derselben Farbe zusammenzählen und auf dieser Seite in die Übersicht eintragen; darüber sprechen

In der Schule

In der Schule lernen wir.
In den Pausen spielen wir zusammen.
Unsere Freizeit verbringen wir in der Familie
oder mit anderen, manchmal auch allein.
Jeder verbringt seine Zeit anders.

> Schön schreiben!

1 Meine Schule heißt:

2 Was magst du in deiner Schule?

Einstieg in das Kapitel mit Hilfe des Bildes und Textes: Was tun die Kinder in der Pause?; Rituale in der Schule,
jede/r verbringt seine Zeit anders, Regeln des Zusammenlebens in verschiedenen Situationen, z.B. miteinander
kooperieren, sich gegenseitig unterstützen; gemeinsame Abmachungen einhalten; Freundschaften pflegen

Mein Plan für die Woche

1 Finde die Wochentage in den Bildern. Kreise sie ein.

PUPPEN·THEATER jeden Freitag Eintritt frei!

MARKT am Mittwoch von Früh bis Mittag

WIR FEIERN! Großes HAUSFEST am Samstag von 14 Uhr bis 22 Uhr im Garten

Gewitter am Donnerstag

Der mobile Bücherdienst kommt am Dienstag

Sonnenschein
Familie Sonntag
Dr. Streusel

Raumschiff trifft am Montag auf den Mond

2 Bringe die Wochentage in die richtige Reihenfolge.

Die Woche und die Wochentage als Zeitspanne erkennen; die Wochentage in den Bildern finden und einkreisen; die Wochentage in die richtige Reihenfolge bringen und aufschreiben; darüber sprechen, dass durch die Einteilung der Woche in Tage Zeit sichtbar gemacht wird

S.2

3 Das ist Ninas Plan für eine Woche. Erzähle.

4 Schreibe und male deinen Plan für diese Woche.

Ninas Plan	
Montag	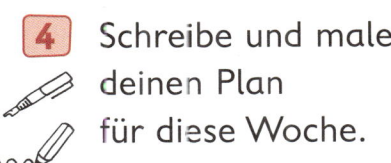
Dienstag	
Mittwoch	
Donnerstag	
Freitag	
Samstag	
Sonntag	

Mein Plan
Mo
Di
Mi
Do
Fr
Sa
So

5 Forscht nach: Wie viele Wochen geht ihr in einem Jahr zur Schule?

Zeit planen: über die Bilder in Ninas Wochenplan (Freizeit) sprechen; einen Terminplan für sich selbst schreiben und/oder malen, Begriffe: heute, gestern, morgen … anwenden; nachforschen, wie viele Wochen in einem Jahr zur Schule gegangen wird

Unser Schuljahr

1 Male am Ende des Monats:
Mein schönstes Erlebnis in diesem Monat.

Januar	Februar	März
April	Mai	Juni
Juli	August	September
Oktober	November	Dezember

2 In welchem Monat beginnt das Schuljahr?

Jahr und Monate als Zeitspanne betrachten; die Monatsnamen benennen; von Januar bis Dezember ein Bild
zum schönsten Erlebnis des Monats malen und so Ereignisse zeitlich einordnen; aufschreiben,
in welchem Monat das Schuljahr beginnt

3 Wie heißen die Monate?
Trage ein.

| März – August – Februar |
| Juni – April – Dezember |
| November – Mai |
| Juli – Oktober – Januar |
| September |

Im _J_____ liegt oft Schnee.

Im _F_____ feiern wir Fasching.

Im _Mä_____ blühen die Krokusse.

Im _A_____ bauen Meisenweibchen ihr Nest.

Im _M_____ blüht der Flieder.

Im _J_____ sind erste Kirschen reif.

Im _J_____ lockt die Sonne zum Baden.

Im _A_____ wird Weizen geerntet.

Im _S_____ färben sich Laubblätter bunt.

Im _O_____ fliegen unsere Drachen.

Im _N_____ ist es oft neblig.

Im _D_____ schmücken wir Tannen.

4 Wie viele Monate hat das Jahr?

_____

5 Wie viele Tage haben die Monate?
Nutzt die „Faustregel":
Berg – 31 Tage, Tal – 30 Tage
Ausnahme: Februar – 28 Tage,
jedes 4. Jahr (Schaltjahr) 29 Tage

Januar August September Februar März Oktober November April Mai Dezember Juni Juli

Die Sätze zum Jahr mit den richtigen Monatsnamen ergänzen, die Sätze lesen und besprechen, was für den Monat
typisch ist; die Anzahl der Monate zählen und aufschreiben; die „Faustregel" als Möglichkeit kennenlernen,
um schnell herauszufinden, wie viele Tage ein Monat hat, den Februar als Besonderheit (Schaltjahr) besprechen

S.3

Wir gratulieren

Lies auf Seite 80 nach.

Bearbe Seite

1 Frage ein Kind in deiner Klasse:
Wann hast du Geburtstag?

_____ ▪ ▪ . ▪ ▪ ▶ _____

Name   Geburtstag   Monat

2 Gestalte eine Geburtstagskarte.

3 Was sagst du zum Geburtstagskind?

Alle Buchstaben des Alphabets haben eine Nummer.

1	2	3	4	5	6	7	8	9	10	11	12	13	14	15	16
A	B	C	D	E	F	G	H	I	J	K	L	M	N	O	P

17	18	19	20	21	22	23	24	25	26	27	28	29
Q	R	S	T	U	V	W	X	Y	Z	Ä	Ö	Ü

Trage hier die Buchstaben ein. Beende den Satz.

9	3	8	7	18	1	20	21	12	9	5	18	5	4	9	18

21	14	4	23	29	14	19	3	8	5	4	9	18	
												...	

Geburtstage in der Klasse feiern; ein Partnerkind fragen, wann es Geburtstag hat und den Monat extra aufschreiben; eine Karte für ein Geburtstagskind gestalten; das Zahlen-Buchstaben-Rätsel lösen und den Satz mit eigenen Ideen beenden; besprechen, dass feiern des Geburtstags ein immer wiederkehrendes Ritual darstellt

Im Herbst

Der Igel sucht sich ein Winterversteck.
Die Laubblätter färben sich gelb, rot und braun.
Wir ernten Obst.
Die Tage und Nächte werden kühler.

1 Was macht der Igel im Herbst?
  Male die fehlenden Bilder.

Unter einem [Baum] liegen viele [Blätter] .

Die [_____] scheint und wärmt noch ein wenig.

Am Himmel sind nur wenige [_____] .

Der [_____] frisst einige Schnecken und ein Stück [_____] .

Dann krabbelt er in die [_____] .

Einstieg in das Kapitel mit Hilfe des Bildes und des Textes: typisches für die Jahreszeit Herbst erkennen und besprechen, wie z.B. Veränderungen in der Natur, Anpassung von Pflanzen und Tieren an ihren Lebensraum; Lebensweise des Igels im Herbst aus dem Text herausarbeiten; Lückentext mit den passenden Bildern ausfüllen

S. 2, 3, 16

Im Park

1 Was entdeckst du im Herbst im Park?

2 Du kannst Bäume an ihren Blättern und Früchten erkennen.
Verbinde: Was gehört zusammen?

Buche

Eiche

Kastanie

Kiefer

Den Park im Herbst beschreiben: Farbe der Laubbäume, Verhalten der Tiere, Was sammeln die Kinder?; Merkmale der Blätter und Früchte benennen; verbinden: Buchenblatt – Fruchthülle mit Samen (Buchecker), Eichenblatt – Becher mit Samen (Eicheln), Kastanienblatt – Fruchthülle mit Samen (Kastanien), Kiefernnadeln – Zapfen mit Samen; eine Blattsammlung anlegen

S. 2, 4

3 Ergänze und schreibe: Wie heißen die Tiere? Was tun sie im Herbst?

Die _____ sitzt

auf dem _____ .

Die _____

schwimmen im _____ .

Das _____

frisst eine _____ .

Die *Zug* _____

sammeln sich und _____

in den warmen Süden.

4 Was beobachtest du im Herbst?

Sätze vervollständigen und so Verhalten und Aufenthaltsorte der ausgewählten Tiere im Herbst besprechen;
aufschreiben und aufmalen was man selbst im Herbst schon mal beobachtet hat und/oder was man beobachten kann

Freundeseite

Lies auf Seite 81 nach. Bearbe Seite

Herbstwetter

1  Das sind Wetterzeichen.

Male Zeichen unter die Bilder.

Toller Regen!

2 Wie ist das Wetter?
Ergänze die Sätze.

Der _____ fällt.

Die _____

bedecken den Himmel.

Oft scheint noch

die _____ .

Der _____

weht heftig.

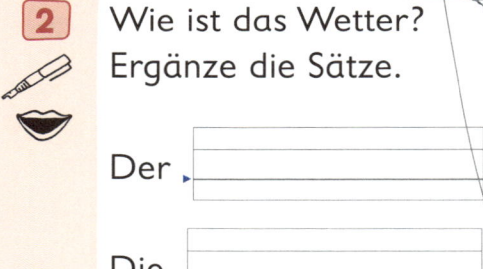

3 Erforscht:
Schwalben sagen das Wetter voraus.
Wann fliegen die Schwalben niedrig?

_____

_____

Die Wetterzeichen beschreiben, deuten; das Wetter auf den Bildern einschätzen und passende Wetterzeichen malen; den Lückentext zu Wetterphänomene im Herbst ausfüllen; vermuten, erforschen und aufschreiben, wann Schwalben niedrig fliegen

S. 2, 3, 16

Das tut mir gut

Die Frühlingssonne lockt ins Freie.
Ich spiele gern allein oder mit anderen.
Wir lernen uns kennen. Du bist anders als ich.
Ich mag dich und mich selbst.

1 Ergänze die Sätze. Lies sie vor.

Das tue ich gern allein:

Das tue ich gern mit anderen:

Einstieg in das Kapitel mit Hilfe des Bildes und des Textes: Das Miteinander der Kinder beschreiben (Kinder brauchen andere zum Spielen, Streiten, Sichvertragen, Finden von Kompromissen …); erkennen, dass alle Menschen verschieden sind; an Körpersprache und Mimik Gefühle ablesen; schreiben wie man seine Zeit allein und mit anderen verbringt

S. 2, 3, 16

Das bin ich

1 Wie malen sich die einzelnen Kinder? Beschreibe.

2 Zeichne deinen Körper:

1	Kopf
2	Hals
3	Brust
4	Bauch oder
5	Rücken
6	Gesäß
7	Arm
8	Hand
9	Bein

3 Beschrifte deine Zeichnung
 mit den Nummern 1 bis 9.

Meine
Körperteile
heißen ...

Das Bild betrachten und beschreiben (Porträt zeichnen, Körperumriss zeichnen und Umriss farbig ausgestalten,
Spiegelbild zeichnen, kleines Aktionsbild gestalten, ein anderes Kind porträtieren); sich selbst als Individuum wahrnehmen;
seinen Körper genau betrachten und zeichnen; Körperteile bezeichnen

S.2

4 Fülle deinen Steckbrief aus.

Steckbrief von _____

Ich bin ein _____

Mein Geburtstag: _____

Haarlänge/Haarfarbe: _____

Augenfarbe: _____ Größe: _____ Gewicht: _____ kg

Das mag ich an mir: _____

5 Klebe das Bild ein.
Welche Körperteile sind
bei Mädchen und Jungen gleich?
Sprecht darüber.

6 Welche Körperteile sind
bei Mädchen und Jungen unterschiedlich?
Kreise sie auf dem Bild ein.

Seite 95

Ich bin ein Hund.
Und du?

Die Körper von Jungen und Mädchen sehen fast gleich aus.
Nur die Geschlechtsorgane sind unterschiedlich.
Jedes Mädchen und jeder Junge ist einzigartig:
Es gibt Jungen, die gern malen und Mädchen, die gern Fußball spielen.

Einen persönlichen Steckbrief schreiben, das eigene Ich akzeptieren und wertschätzen; anhand des aufgeklebten
Bildes erfassen, dass der Körperbau von Mädchen und Jungen im Wesentlichen gleich ist und sich nur durch
die Geschlechtsorgane unterscheidet; gleiche und unterschiedliche Körperteile benennen

 S. 2, 3, 16

15

Ich pflege meinen Körper

 **1** Wie pflegst du deinen Körper?

2 Wie oft solltest du deinen Körper so pflegen? Male aus.

■ einmal die Woche   ■ einmal täglich   ■ mehrmals täglich

Hände waschen

Zähne putzen

Kleidung wechseln

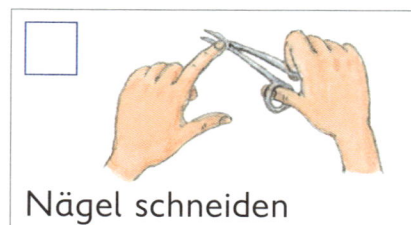
Nägel schneiden

Haare waschen

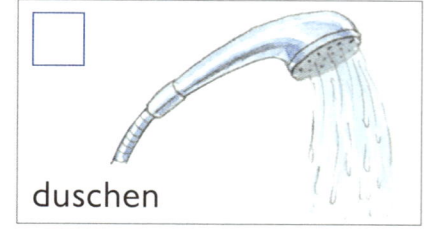
duschen

Haare kämmen

Unterwäsche wechseln

sich waschen

Über Körperpflege als tägliches bzw. regelmäßiges Ritual sprechen, zunehmend die Verantwortung für sich selbst erfassen; Körperpflege als Gesundheits- und Wohlfühlfaktor erkennen; Zusammenhänge zwischen Körperhygiene und Gesundheit verstehen

 S. 2, 5

3 Händewaschen ist sehr wichtig. Warum?

| 1 | 2 | 3 | 4 |

4 Ergänze die Sätze zum Händewaschen.

Nutze diese Wörter: Nase – Essen – Toilette – Tier

Ich wasche meine Hände …

1 vor jedem _____ ,

2 nach dem _____ putzen,

3 wenn ich ein _____ gestreichelt habe,

4 nachdem ich auf der _____ war.

5 Warum pflegst du deinen Körper? Male und schreibe weiter.

1. Ich will nicht krank werden.	2. Ich möchte gut riechen.	3. Ich will gesunde Zähne haben.	4. Ich finde schmutzige Nägel eklig.
5.	6.	7.	8.

Erfassen, wann und warum Händewaschen wichtig ist; begründen, warum man Körperpflege betreiben sollte,
z.B. um Hautkrankheiten zu vermeiden, Ungeziefer fernzuhalten (Läuse im Haar, Flöhe im Bett), Mund- und
Fußgeruch zu vermeiden, Pickeln und Mitessern entgegenzuwirken

S. 2, 3, 16

17

Meine Gefühle sind wichtig

1 Vermute: Was fühlen die Kinder auf den Bildern?

2 Hast du schon Ähnliches wie auf den Bildern in **1** erlebt?
Schreibe oder male ein Bild von deinem Erlebnis.

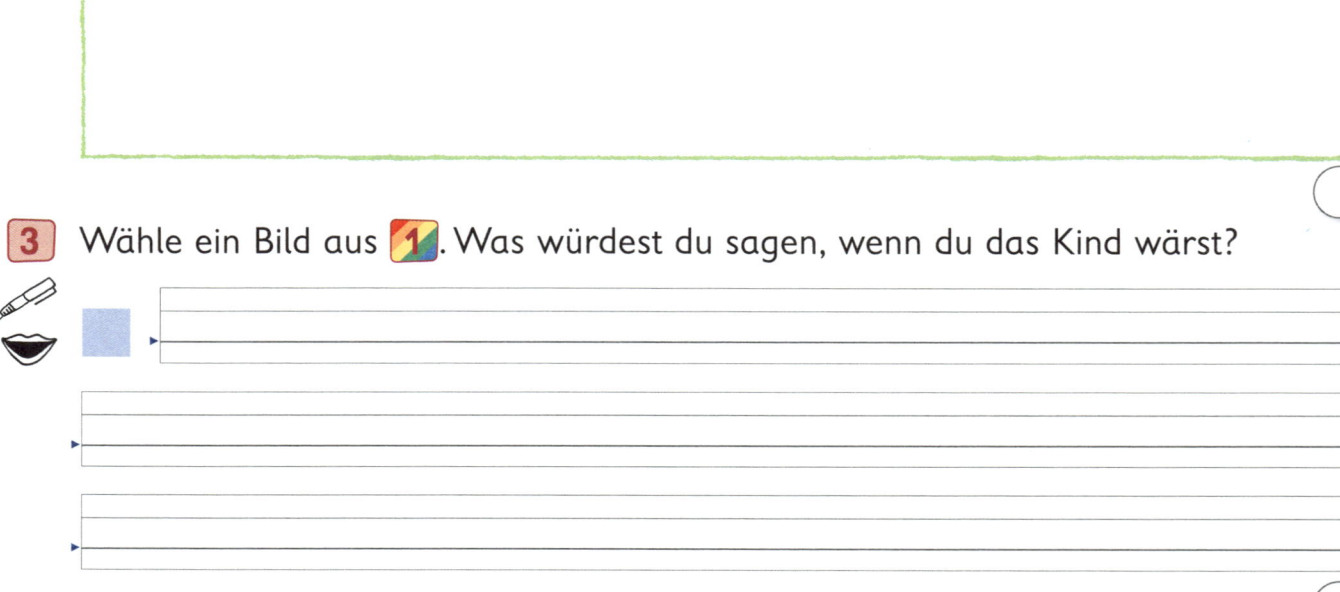

3 Wähle ein Bild aus **1**. Was würdest du sagen, wenn du das Kind wärst?

Die Bilder betrachten und beschreiben, wie und was die Kinder in den einzelnen Situationen fühlen; besprechen,
dass Gefühle wahr- und ernstgenommen werden sollen; ein ähnliches eigenes Erlebnis aufschreiben oder malen;
sich in die abgebildeten Kinder hineinversetzen und aufschreiben, was man in der jeweiligen Situation sagen würde

S. 2, 16

4 Beratet:

Was macht ihr, wenn einer beim Kartenspiel schummelt?

Du schummelst!

Du spielst jetzt nicht mehr mit.

▶

▶

▶

▶

5 Bereitet zu diesem Bild ein Rollenspiel vor.

Was sagen die Personen?

Lass das!

Beraten und aufschreiben, wie man reagieren sollte, wenn jemand beim Spielen schummelt; in Gruppenarbeit ein Rollenspiel zu der abgebildeten Situation vorbereiten und besprechen, was der Mann und der Junge sagen könnten, darüber sprechen, wie man sich selbst in einer unangenehmen Situation verhält und Lösungen finden

S. 2, 5, 16

Lies auf Seite 82 nach.

Bearbe Seite

Wie ich mir den Tag einteile

1 Erzählt euch, wie ihr den Tag beginnt.

2 Teile dir deinen Tag gut ein, um gesund zu bleiben. Ergänze die Tipps.

Ich schlafe.

Ich pflege mich.

Ich ruhe mich aus.

Ich esse.

Ich lerne.

Ich mache Sport.

3 Wie hast du gestern den Tag verbracht? Male die gleichen Farben wie in der Aufgabe **2** in die Kästchen.
Schätzt gegenseitig ein: Habt ihr euch den Tag gut eingeteilt?

Am Morgen	Am Vormittag	Am Mittag	Am Nachmittag	Am Abend	In der Nacht

Sich über die Abläufe des eigenen Tages bewusst werden; verstehen, dass sich die Tätigkeiten des Tages auf die Gesundheit auswirken; die eigenen Tagesabläufe hinsichtlich ihrer Gesundheitsförderung überprüfen und vergleichen

S. 2, 16

Im Winter

Im Winter ist es kalt. Oft liegt Schnee.
Es ist auch dunkel, glatt und neblig.
Die Sonne scheint manchmal durch die Wolken.
Die kahlen Bäume haben Winterknospen.
Wir ziehen uns warm an.

1 Ich passe im Winter gut auf. Warum?

Einstieg in das Kapitel mit Hilfe des Bildes und des Textes: Veränderungen in der Natur und Wetterphänomene in der Jahreszeit Winter erkennen (kahle Bäume, Schnee, dunkel, glatt, neblig …); Anhand des Textes und der Bilderreihe beschreiben, warum im Winter gut aufgepasst werden muss, besprechen, was im Notfall zu tun ist

S. 2, 3, 16

21

Winterwetter – Winterspiele

1

2 Beurteile das Verhalten der Kinder. So 😊 oder so 🙁.

Das große Bild betrachten, die Aktivitäten der Kinder beschreiben, Gefahrensituationen erkennen (Kälte, Glätte, zugefrorene Gewässer, geworfene Schneebälle können zu Verletzungen führen) und andere Lösungen suchen; positives und negatives Verhalten gegenüberstellen und erläutern (Eislaufen auf den dafür vorgesehenen Flächen, nicht auf Gehwegen schlittern)

S. 2, 16

3 Vervollständige den Text.

Temperaturen zeigen an, wie warm oder ⟶ _____

⟶ *das* _____ ist. Wir messen sie mit einem ⟶ _____ .

Ein Thermometer zeigt die Temperatur in Grad Celsius an: °C.

4 Male diese drei Wetterzeichen in die Tabelle:
Beschreibe alle Zeichen.

Bewölkung: Scheint die Sonne?			Niederschlag: Was kommt aus den Wolken?		
wolkenlos	wolkig	bedeckt	Regen	Schnee	Hagel
☀	⛅				🌨

5 Beobachtet das Wetter täglich zur gleichen Zeit.
Malt Wetterzeichen in die Tabelle.
Lest von einem Thermometer die Temperaturen ab.

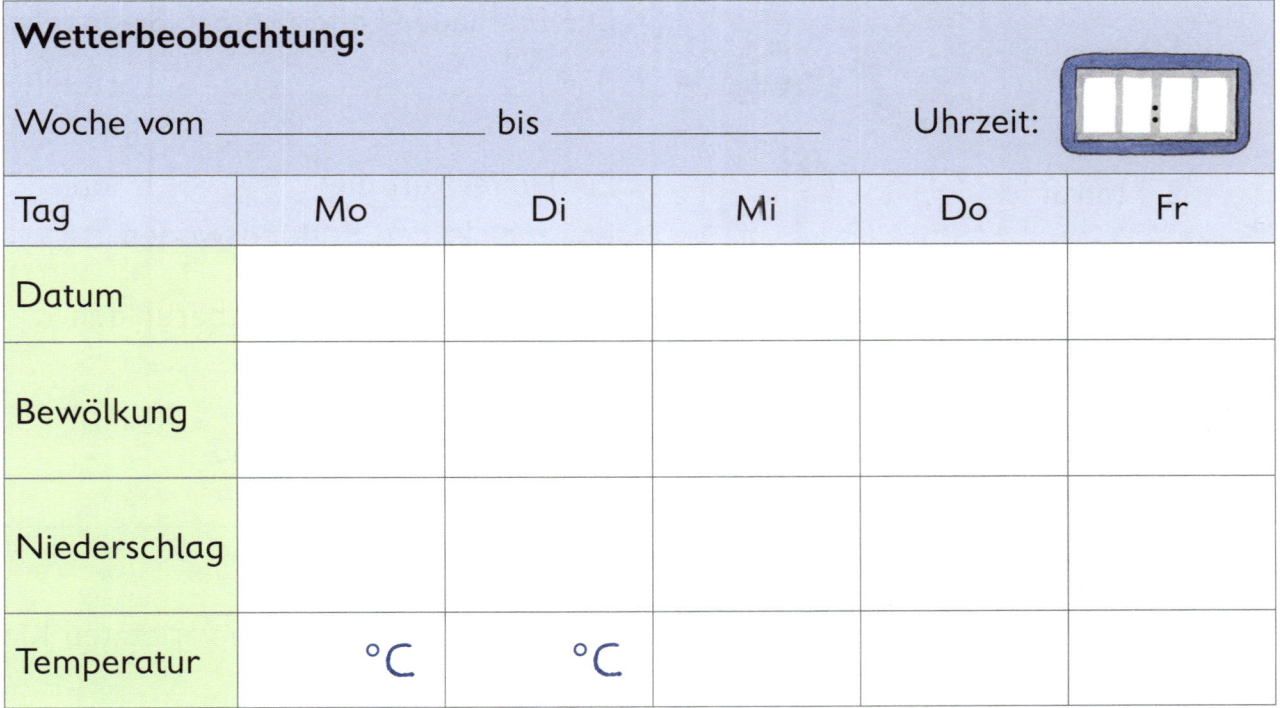

Wetterbeobachtung:

Woche vom _____ bis _____   Uhrzeit:

Tag	Mo	Di	Mi	Do	Fr
Datum					
Bewölkung					
Niederschlag					
Temperatur	°C	°C			

Bekannte Wetterzeichen vertiefen, neue kennen lernen, Bewölkung/Niederschlag unterscheiden;
Symbole und Temperaturen in die Wettertabelle eintragen; über Tabellenvarianten je nach Zweck sprechen;
Tabelle auswerten, Ergebnisse mit Wettervorhersagen in Medien vergleichen

S. 2, 3, 6, 16

23

Lies auf Seite 83 nach.

Bearbe Seite 2

Bei Unfallen helfen

1 Was ist passiert? Beschreibt den Unfall.

2 Schnelle Hilfe ist nötig. Spielt einen Notruf nach.

Ich wähle den

N O T R U F

1. **WO**   ist der Unfallort?
2. **WAS**   ist passiert?
3. **WIE VIELE** Verletzte gibt es?
4. **WELCHE**   Verletzungen gibt es?
5. **WARTEN**   auf Rückfragen!

3 Helfer am Unfallort bilden eine Rettungskette. Ergänze die Texte.

1. Nothilfe		Die Ersthelfer helfen sofort. Sie lagern den _V_____ stabil.
2. Notruf		Ein Helfer ruft die ⬜⬜⬜ an. Die schickt den Rettungswagen.
3. Erste Hilfe		Die Helfer wärmen und beruhigen das verletzte Kind.
4. Rettungsdienst		Sanitäter fahren das Kind ins _K_____.
5. Krankenhaus		Ärzte _h_____ dem verletzten Kind.

Mit Hilfe der Bilder das Unfallgeschehen beschreiben; das Absetzen eines Notrufes im Rollenspiel umsetzen, danach auswerten; die Rettungskette kennen lernen, dazu kurze Texte ergänzen; die Wichtigkeit der Ausbildung in Erster Hilfe begründen (die ersten zwei Glieder der Rettungskette werden gestärkt)

S. 2, 3, 16

Zeit sichtbar machen

Anfang – Ende   schnell – langsam   langweilig

Kalender   Uhr   Zeit   verlorene Zeit

Baby – Schulkind   Morgen – Mittag – Abend – Nacht

Zeit vergeht wie im Flug   gestern – heute – morgen

1 Uhren sehen verschieden aus und haben verschiedene Namen.
Ordne zu. Beschreibe die Uhren.

1 Armbanduhr **2** Digitaluhr **3** Kuckucksuhr **4** Sonnenuhr

5 Funkwecker

Einstieg in das Kapitel mit Hilfe des Bildes und des Textes: Wecker und Sanduhr als Zeitmesser beschreiben,
über Zeitmesser im eigenen Haushalt berichten, Zeitbegriffe benennen und besprechen wie sie Zeit „sichtbar"
machen; die verschiedenen Uhren beschreiben und in einer Tabelle vergleichen, die richtigen Begriffe zuordnen

S. 2, 3, 6, 7

Zeit mit Uhren messen

1 Beschreibe die Uhr.

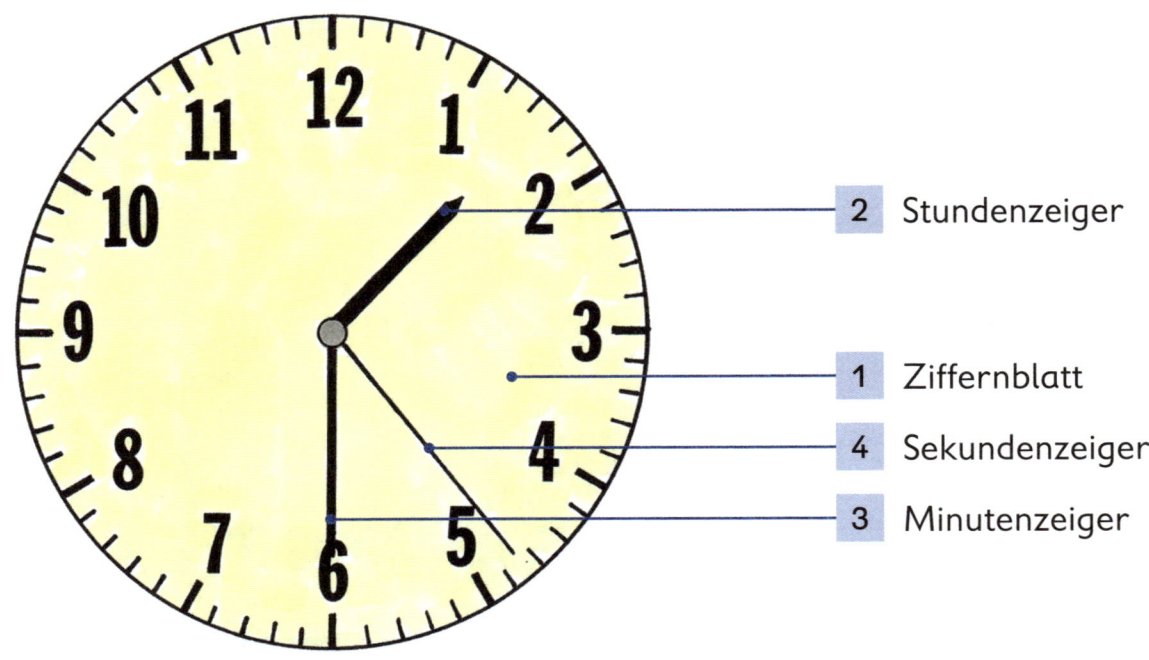

2	Stundenzeiger
1	Ziffernblatt
4	Sekundenzeiger
3	Minutenzeiger

2 Ergänze die Sätze.

60 Minuten sind eine …
24 Stunden sind …

1 Das _Z_____ zeigt die Stunden von 1 bis 12 an.

2 Der _St_____ wandert in einer Stunde

von einer Ziffer zur nächsten.

Weil ein Tag 24 Stunden hat, wandert der _St_____

an einem Tag zweimal um das _Ziffernblatt_ .

3 Der _M_____ wandert in einer Minute von Strich zu Strich.

Es sind _____ Striche. Eine Stunde hat _____ Minuten.

4 Der _Sek_____ wandert in einer Minute

um das ganze _Z_____ mit den 60 Strichen.

Eine Minute hat _____ Sekunden.

Besprechen, dass Uhren Zeit messen und sie damit sichtbar machen; die Uhr beschreiben und ihre Teile benennen, den Lückentext mit Hilfe der Nummern (1 Ziffernblatt, 2 Stundenzeiger, 3 Minutenzeiger, 4 Sekundenzeiger) ausfüllen, die Sätze mit dem Zeigefinger auf der Uhr nachverfolgen und so visualisieren

S. 3, 16

3 Baut nach der Anleitung eine Sanduhr.

Ihr braucht:

2 kleine Gläser mit Metalldeckel,
Kleber für Metall, Nagel,
Hammer, Sand, Uhr, Papier

Geht so vor:

Klebt die beiden Metalldeckel der Gläser mit Metallkleber fest zusammen.	Schlagt mit einem dünnen Nagel ein Loch durch beide Deckel, genau in der Mitte.	Füllt das eine Glas mit feinem Sand. Am besten eignet sich Vogelsand.

Schraubt den Deckel auf das gefüllte Glas und stülpt darüber das leere Glas.	Stellt das leere Glas nach unten. Der Sand rieselt nun in das leere Glas.	Schaut auf die Uhr, wie viel Zeit vergeht, bis der Sand durchgerieselt ist.

Ihr könnt die Sanduhr „einstellen". Ihr schüttet dafür weniger oder mehr Sand ins obere Glas.	Ist weniger Sand im oberen Glas, rieselt weniger ins untere. Es wird eine kurze Zeitdauer angezeigt.	Ist mehr Sand im oberen Glas, rieselt mehr Sand ins untere. Es wird eine längere Zeitdauer angezeigt.

4 Baut eine Wasseruhr. Vergleicht sie mit der Sanduhr. Informiert euch im Internet unter: **fragFinn.de**.

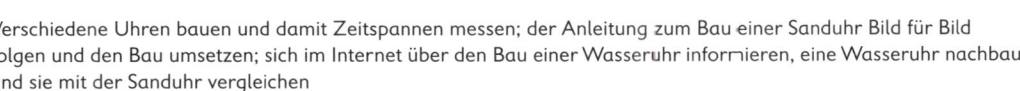

Verschiedene Uhren bauen und damit Zeitspannen messen; der Anleitung zum Bau einer Sanduhr Bild für Bild folgen und den Bau umsetzen; sich im Internet über den Bau einer Wasseruhr informieren, eine Wasseruhr nachbauen und sie mit der Sanduhr vergleichen

S. 2, 3, 7

27

Was uns Kalender sagen

 1 Beschreibt die Kalender und vergleicht sie.

 Gestaltet selbst einen Kalender.

Monatskalender

Schulgartenkalender

Hosentaschenkalender

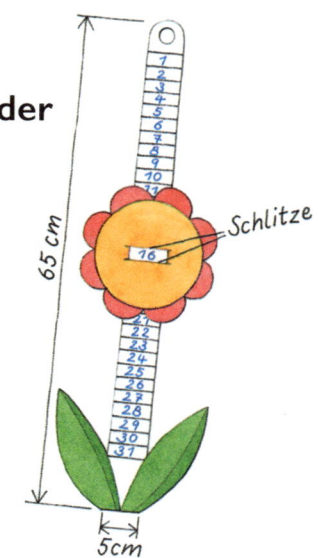

Geburtstagskalender

Ich habe mir deinen Geburtstag in den Kalender eingetragen. Herzlichen Glückwunsch!

Danke!

 2 Kalender zeigen Zeiträume an: Tag, Woche, Monat, Jahr.

Welches Bild zeigt einen Monatskalender?

Kalender als Zeitmesser kennen lernen; die verschiedenen Gestaltungsarten und Funktion der Kalender beschreiben, selbst einen Kalender gestalten; den Monatskalender erkennen und ankreuzen, die Unterschiede der Kalender besprechen, vergleichen und erläutern, dass sie verschiedene Zeiträume darstellen (Tag, Woche, Monat, Jahr)

S. 2, 3, 7

3 Wozu brauchen wir Kalender?

_____

_____

_____

_____

_____

_____

4 Kreuzt die Lösung an und tragt
den Buchstaben ein. Findet das Lösungswort.

Lösungswort:

A					

Heute bin ich 8 Jahre alt. An meinem nächsten Geburtstag werde ich schon 12 Jahre. Wann habe ich Geburtstag?

1	L	1. Januar	
	A	29. Februar	X

Wie viele Tage haben zwei Wochen?

2	U	14 Tage	
	O	13 Tage	

Wie viele Schultage hat eine Woche?

3	M	6 Tage	
	G	5 Tage	

Vorgestern war Dienstag. Übermorgen ist Samstag. Morgen ist Freitag. Welcher Tag ist heute?

4	U	Donnerstag	
	K	Mittwoch	

Welcher Monat hat 30 Tage?

5	Z	Dezember	
	S	April	

Dieser Monat ist ein Monat im Herbst.

6	P	Juli	
	T	Oktober	

Begründen, warum wir Kalender benötigen (bieten Übersichten über bestimmte Zeiträume und Ereignisse, helfen dabei Termine zu planen und Verabredungen nicht zu vergessen); zu jedem Satz des „Zeit"-Rätsels die richtige Antwort ankreuzen und den zugehörigen Buchstaben in das Feld oben eintragen, das Lösungswort finden

S. 3

29

Zeit wahrnehmen

1 Manchmal vergeht die Zeit schnell, manchmal langsam.

Male alle Tätigkeiten 🎈 an, bei der die Zeit für dich schnell vergeht.

Male alle Tätigkeiten 🎈 an, bei der die Zeit für dich langsam vergeht.

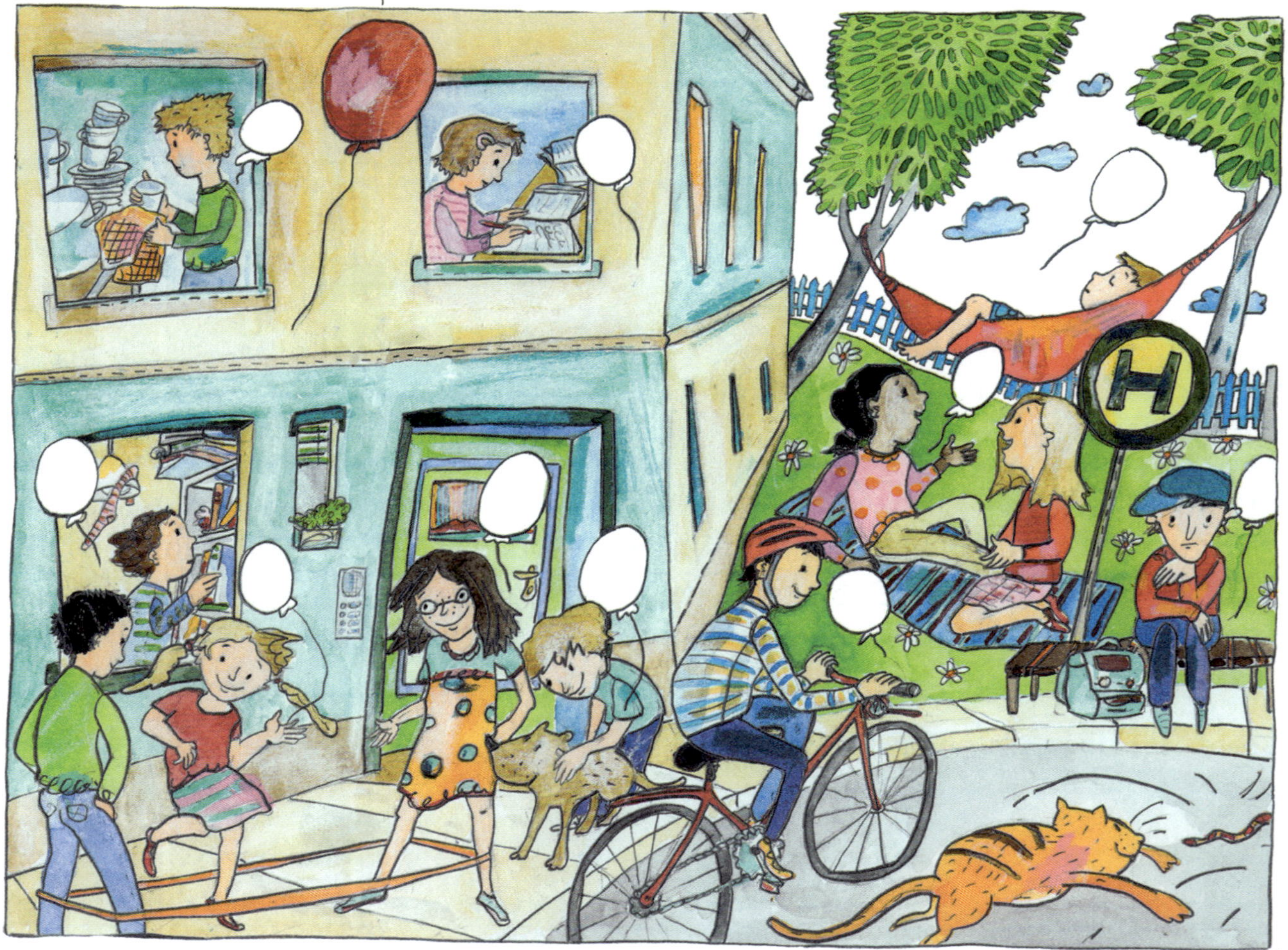

2 Schreibe eigene Beispiele auf.

Zeit vergeht	Meine Beispiele
langsam 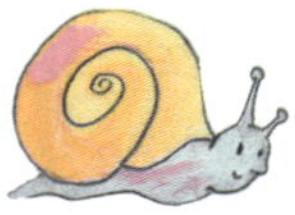	
schnell 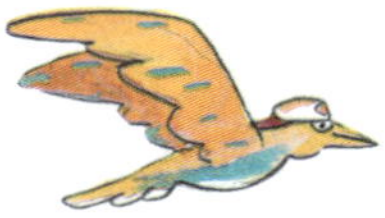	

Mit Hilfe der Abbildung die Wahrnehmung von Zeit besprechen und einschätzen: Bei welcher Tätigkeit vergeht die Zeit für einen schnell (den Luftballon grün ausmalen) und bei welcher Tätigkeit vergeht die Zeit für einen langsam (Luftballon blau ausmalen); eigene Beispiele aufschreiben, wann die Zeit langsam und schnell vergeht

S. 2, 6

3 Schätze, was du in einer Minute schaffst.
Probiere es aus.

Das mache ich eine Minute lang.	Wie oft schaffe ich es?	
	geschätzt	gemessen
ABC aufsagen		
den eigenen Namen aufschreiben		
Knie beugen		

4 Welche Aussagen zur „Zeit" kennst du?
Nutze die Wörter. Nenne weitere Beispiele.

gehen – sparen – verfliegt – verschenken – anhalten

Ich kann in einer Minute 999-mal bellen!

Die Zeit ⬜⬜⬜⬜⬜⬜⬜.

Die Zeit ⬜⬜⬜⬜⬜⬜.

Zeit ⬜⬜⬜⬜⬜.

Mit der Zeit ⬜⬜⬜⬜.

Zeit ⬜⬜⬜⬜⬜⬜⬜⬜⬜.

Zeit einschätzen: Im ersten Schritt schätzen, wie oft man eine Tätigkeit innerhalb einer Minute schafft,
im zweiten Schritt messen und Ergebnisse in der Tabelle festhalten; die Redewendungen zur Zeit in den Abbildungen
erkennen, die zugehörigen Wörter in die Kästchen eintragen, Beispiele finden

S. 2, 6

31

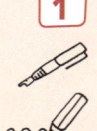

Lies auf Seite 84 nach.

Bearbeit Seite 2

Einen Zeitraum sichtbar machen

1 Eine Tabelle gibt dir einen Überblick über viele Dinge.
Schreibe und male deinen Stundenplan für diesen Schultag auf ein Blatt.

Wochentag: Montag		
Stunde	Fach	Zeichen
1	Deutsch	
2	Mathe	3+4

Heute habe ich keine Hundeschule.

2 Ein Zeitband veranschaulicht einen Zeitraum.

- Fülle einen Monat lang ein Zeitglas.

- Schreibe Zettel mit diesen Angaben:
  Tag – Datum – schönes Erlebnis

1. Oktober Dienstag
Mit Bello in der
Hundeschule

- Stecke die Zettel in das Glas.
- Sortiere die Zettel am Endes des Monats nach dem Datum.
- Klebe alle Zettel auf.

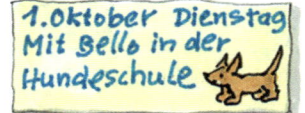
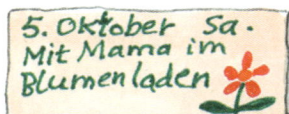
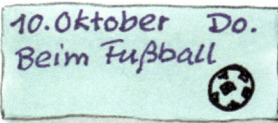

So kannst du dich gut an die schönen Erlebnisse erinnern.

3 Gestalte einen Zeitstrahl für wichtige Ereignisse in diesem Monat.
Schreibe oder male in die Kästchen.

Monat: _____

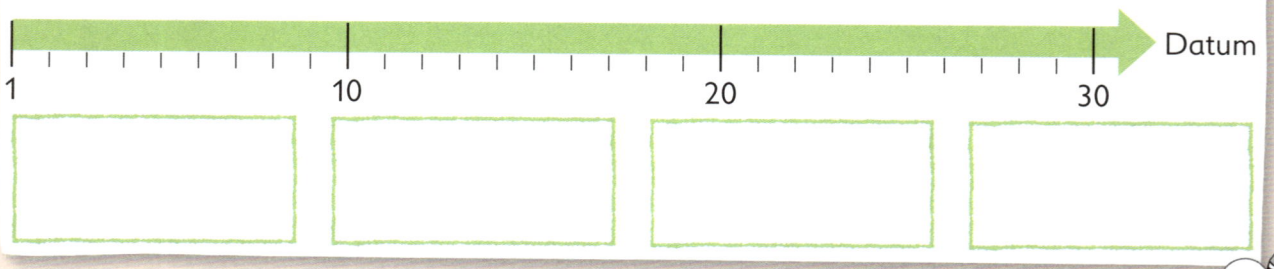

Datum

1   10   20   30

Beraten, welche Möglichkeiten es gibt, Zeiträume zu veranschaulichen; den eigenen Stundenplan als Tabelle anlegen; ein Zeitglas mit Zetteln zu Ereignissen in einem Monat füllen, am Monatsende nach dem Datum sortieren; einen Zeitstrahl erstellen und jeweils am 1., 10., 20., und 30., bzw. 28./29.des Monats ein wichtiges Ereignis aufschreiben oder malen

S.3, 6, 8

Im Frühling

Im Frühling wird es wärmer.
Viele Pflanzen erblühen.
Die Bienen finden Nahrung.
Tiere bekommen Junge.
Ein Regenbogen zeigt sich am Himmel.

Endlich
Frühling!

1 Beobachtet, hört und entdeckt den Frühling.

Welche Farben entdeckst du?

Welche Pflanzen blühen?

Welche kleinen Tiere siehst oder hörst du?

Einstieg in das Kapitel mit Hilfe des Bildes und des Textes: Das Aussehen der Bienen beschreiben; erkennen,
dass sie auf Weidenkätzchen (Blütenstände) sitzen, dort erste Nahrung finden; Veränderungen in der Natur
im Frühling beobachten, hören und entdecken (Farben, Pflanzen und Tiere)

 S. 2, 3, 16

33

Frühblüher

1 Vermute: Warum blühen Frühblüher früh im Jahr? Schreibe ihre Namen auf.

2 Trage unten ein: 1 2 3 .
Beschreibe die Pflanzen.
Male aus.

Die Fotos betrachten und die Blütenformen benennen (Krokus – kelchförmig, Narzisse – glockenförmig,
Märzbecher – becherförmig); den Aufbau der Pflanzen miteinander vergleichen (u.a. Märzbecher, Narzisse, Tulpe
haben Zwiebel, Krokus hat Knolle); Frühblüher mit der zugehörigen Nummer beschriften und ausmalen

S. 3, 4, 7, 9

3 Beschrifte die Teile der Tulpe.

Laubblatt
Zwiebel
Blüte
Wurzel
Stängel

Die Teile der Tulpe

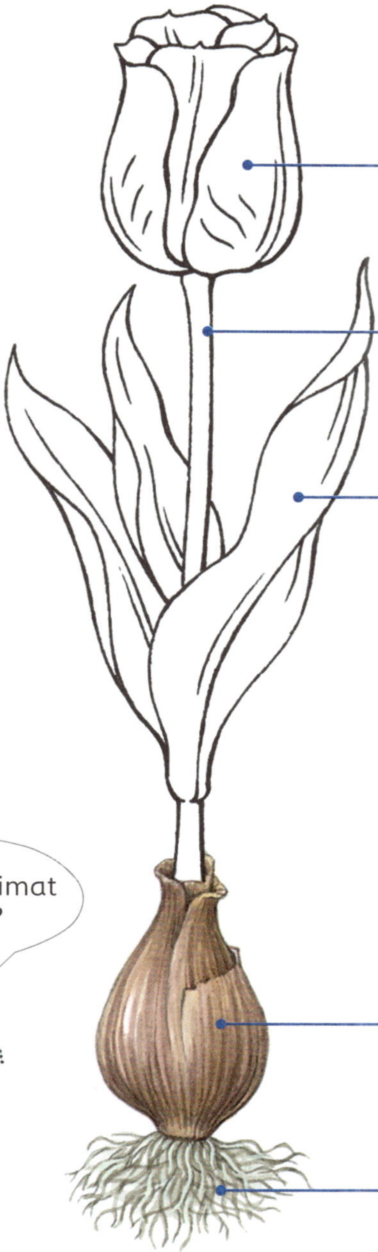

Wo ist die Heimat der Tulpe?

4 Schreibt die Merkmale der Tulpe auf.

Tulpen sind F

Die Abbildung betrachten, die Teile der Tulpe benennen; einen Text über Tulpen schreiben (Beispiel: Tulpen sind Frühblüher.
Sie blühen früh im Jahr. Die Teile der Tulpe sind Blüte, Stängel, Laubblatt, Zwiebel, Wurzel. Meine Tulpe hat eine rote Blüte.);
die Heimat der Tulpe herausfinden (Mittel- und Zentralasien)

S.4, 9

35

Die Zugvögel

1 Lies den Sachtext. Unterstreiche:

blau – was fressen die Schwalben,

grün – wo bauen die Schwalben ihre Nester,

orange – warum werden die Schwalben Zugvögel genannt,

rot – wann und wohin ziehen die Schwalben?

Schwalben sind von April bis Anfang Oktober bei uns.

Sie bauen Nester aus Schlamm, Gras und Stroh.

Diese befestigen sie in Ställen und Scheunen,

an Wänden, auf Balken oder Mauern.

In den Nestern ziehen sie ihre Jungen groß.

Schwalben fressen Fliegen, Mücken und Ameisen.

Beide Eltern füttern die Jungen.

Jedes Jahr im Herbst sammeln sich die Vögel und fliegen nach Afrika,

immer in dieselben warmen Gebiete. Dort gibt es reichlich zu fressen.

> Vögel, die zwischen ihrem Sommer- und Winternest
> zweimal im Jahr weite Strecken fliegen, nennt man Zugvögel.

2 Lies den Text. Welcher Vogel ist hier beschrieben?

Eine kleine Künstlerin
fliegt bis zu den Wolken hin,
formt ein wunderbares Nest,
klebt es an der Mauer fest.

Es ist die _____

Informationen über Schwalben aus dem Text herausfinden, die Definition über Zugvögel einprägen;
Texträtsel lösen und das Bild der Rauchschwalbe beschriften

S. 3, 16

3 Wie heißt der Vogel?

Bereits im April ist er wieder
aus Afrika zurück.
Laut ruft er seinen Namen.
Es ist der

_____

4 Ein Kuckuck schlüpft und wächst im Nest eines Teichrohrsängers.
Bringe die Bilder in die richtige Reihenfolge:

5 Ergänze den Text. Erkläre die Bilder aus Aufgabe **4**.

Ein Kuckuck-Weibchen hat ein _____ in das Nest

eines Teichrohrsänger-Pärchens gelegt.

Das *P*_____ brütet das _____

des _____ aus. Der junge Kuckuck wirft die Eier und Jungen

des Teichrohrsänger-Pärchens aus dem _____ . Die Teichrohrsänger

füttert nun den jungen _____ , bis er sich allein versorgen kann.

Mit Hilfe des Bildes und des Satzes den abgebildeten Vogel erkennen (Kuckuck); am Beispiel des Kuckucks
die richtige Reihenfolge der Bilder angeben (2., 3., 1.); durch den Lückentext die Besonderheit des Kuckucks erkennen

S. 2, 3

37

Lies auf Seite 85 nach.

Bearbeit Seite 2.

Freundeseite

Ein Spaziergang im Frühling

1 Was ist auf dem Frühlingsbild zu entdecken?

April, April, der macht was er …

… und wie entsteht ein Regenbogen?

2 Schreibt ein Frühlings-ABC auf ein Blatt Papier.
Ihr könnt auch dazu malen.

Ameise
Blume
Chillen
Donner

3 Erforscht: Welche Farben hat ein Regenbogen?

Anhand des Bildes besprechen, was im Frühling in der Natur alles zu entdecken ist; ein Frühlings-ABC auf einem Blatt Papier gestalten; die Farben des Regenbogens erforschen und herausfinden wie er entsteht

S. 2, 16

Zeit vergeht

Menschen werden geboren, wachsen und verändern sich.
Sie zählen ihr Alter in Jahren.
Die Zeit begleitet alle Menschen ein Leben lang.
Was war ist Vergangenheit, was ist ist Gegenwart,
was sein wird ist Zukunft.

1 Wie heißen die Lebensabschnitte? Nummeriere sie.

1 Baby 2 Erwachsener 3 Kleinkind 4 Senior 5 Schulkind

Einstieg in das Kapitel mit Hilfe des Bildes und des Textes: Besprechen, dass Zeit in Form von Alter bei jedem Menschen vergeht, den Begriff Lebenszyklus kennen lernen, die Wörter „Vergangenheit", „Gegenwart", „Zukunft" einführen; Merkmale benennen, die das Alter von Menschen anzeigen, die einzelnen Lebensabschnitte den Abbildungen zuordnen

  S. 2, 3, 7, 16

Jahre vergehen

1 Betrachte die Bilder.

Trage die Jahreszahlen aus deiner Familie ein. Frage nach.

Vergangenheit

19___			
Mama wird geboren.	Papa wird geboren.	Mama lernt Papa kennen.	Ich werde geboren und werde größer.

Gegenwart

Das bin ich heute.

Das mache ich gern.

_____

_____

_____

_____

Zukunft

So stelle ich mir meine Zukunft vor.

_____

_____

_____

_____

Eine Dokumentation über vergangene Jahre erstellen, die den Lebenszyklus des Menschen veranschaulicht, die Jahreszahlen für die Ereignisse in der Vergangenheit des Kindes eintragen, zur Gegenwart (so ist es jetzt) und zur Zukunft (so kann es werden) malen und schreiben; weitere Beispiele für Vergangenheit, Gegenwart und Zukunft finden

S. 2, 8

2 Vervollständige die Sätze.

Nach einem Jahr folgt ein nächstes Jahr.

Das letzte Jahr war das Jahr 20_____.

Dieses Jahr ist das Jahr 20_____.

Nächstes Jahr ist das Jahr 20_____.

3 Entziffert die Geheimschrift. Was steht hier geschrieben?

ml nebeL theg se ein sträwkcür. eiD tieZ tetierhcs narov.

Es geht immer vorwärts.

4 Oft möchten Kinder gern älter sein.
Erwachsene möchten manchmal jünger sein.
Was meinst du dazu? Beschreibe die Bilder.

Die Sätze zum Fortschreiten der Zeit vervollständigen; die Geheimschrift entzifferr (Jedes Wort rückwärts lesen),
aufschreiben und den Satz vorlesen; über Zeit philosophieren: Kinder würschen sich oft schon erwachsen zu sein,
Erwachsene wären gerne noch mal jung, vermuten warum

S. 2, 3, 16

41

Auf den Spuren der Vergangenheit

1 Male Gegenstände oder Erinnerungen aus deiner Vergangenheit:
Spielzeug, schöner Ferientag …

2 Das große Bild zeigt einige Spuren der Vergangenheit.
Schreibe zu einem kleinen Bild: Was erfahre ich hier über die Vergangenheit?

Bäckergasse

Spuren der Vergangenheit

Oma,
welche Fächer …?

Erkennen, dass man selbst schon eine Vergangenheit hat und aus dieser Zeit Gegenstände und Erinnerungen besitzt;
Spuren der Vergangenheit im Ort aufspüren (Gebäude und ihre Bauweise, Denkmäler, Straßennamen, mächtige
Bäume, Brunnen, alte Stadtpläne, alte Gegenstände und Fotos)

S. 2, 10, 16

Wenn du etwas aus der Vergangenheit deiner Familie erfahren willst, lässt du dir Geschichten erzählen oder blätterst in einem .
Es gibt aber auch Menschen, die sich in ihrem Beruf mit der Vergangenheit beschäftigen.

Welcher Hund hat diesen Knochen vergraben?

3 Lies die Texte und ordne die Berufe zu.

Archäologin – Museumsleiterin – Historiker

Beim Baggern wurden Scherben von sehr alten Gefäßen gefunden. Nun sind wir dabei, noch andere Gegenstände auszugraben. Wir wollen sie wieder herstellen und einem Museum übergeben.

_____

Ich arbeite an einer Universität. Hier erforschen wir, wie die Menschen vor 1000 Jahren bei uns lebten. Dazu nutzen wir alte Texte, Bilder und Gegenstände.

_____

museum VILLA OPPENHEIM
charlottenburg·wilmersdorf

Mein Name ist Dr. Sabine Witt. Ich leite ein Museum in Berlin. Dort zeigen wir, wie aus Dörfern ein Teil der Stadt Berlin wurde. Diese Geschichte erzählen wir in Ausstellungen mit Fotos und Filmen.

_____

4 In diesem Beruf ist Vergangenheit wichtig.

1817 1870 1880 heute

Wie heißt der Beruf?

_____

Was macht die Person?

_____

_____

Besprechen, woher wir Wissen über die Vergangenheit bekommen: u.a. durch Berufe, mit denen die Vergangenheit erforscht wird; die Bilder und Texte betrachten, lesen und entscheiden, um welchen Beruf es sich handelt, Berufsbezeichnungen aufschreiben und ggf. noch genauer erläutern; den Beruf des Geschichtslehrers erkennen und Sätze dazu schreiben

S. 2, 3, 10

Lies auf
Seite 86
nach.

Bearbeite
Seite 2.

Lebenszeit vergeht

1

Bastle ein Leporello als Zeitband.
Trage ein: Das hat sich in diesem Jahr bei mir verändert.

| Körpergröße | Haarlänge | Schuhgröße |

| Augenfarbe | Freundschaften | Gewicht |

2

Wer ist der jüngste und der älteste Mensch in deiner Verwandtschaft?

Der Jüngste: _____ Der Älteste: _____

3

Wie alt können die Lebewesen etwa werden?
Schneide die Bilder von Pflanzen, Tieren und Menschen aus.
Ordne sie zu.

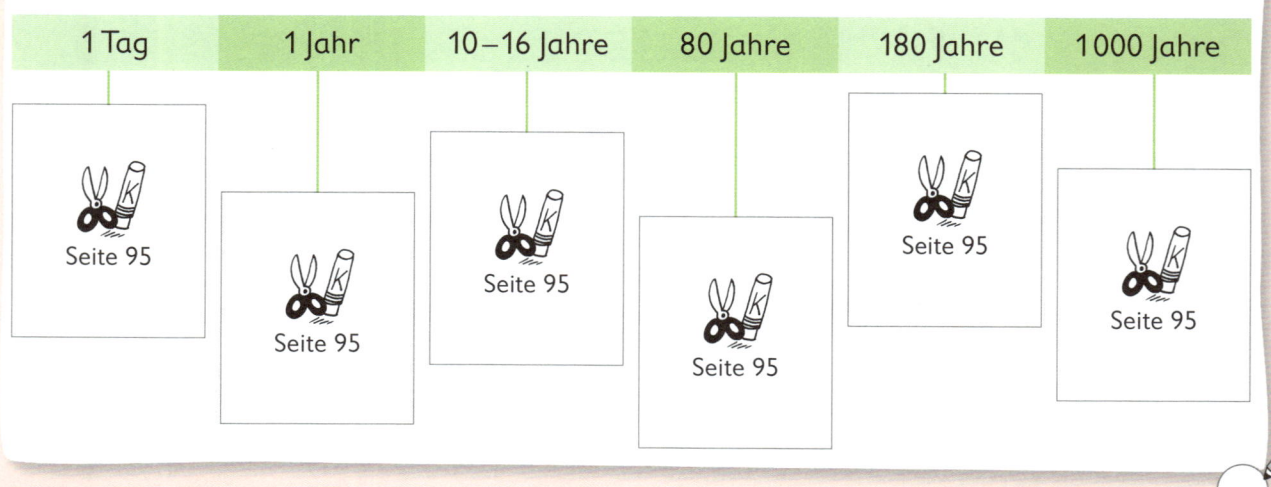

| 1 Tag | 1 Jahr | 10–16 Jahre | 80 Jahre | 180 Jahre | 1000 Jahre |

Seite 95 Seite 95 Seite 95 Seite 95 Seite 95 Seite 95

Mithilfe eines selbstgebastelten Leporello als Zeitband erkennen, wie schnell (Lebens)Zeit innerhalb eines Jahres vergeht, malen und schreiben, was sich in der Zeit alles verändert hat; in der Verwandtschaft den Jüngsten und den Ältesten ausfindig machen und das Alter aufschreiben; die Bilder der Lebewesen ausschneiden und die richtige Lebenserwartung zuordnen

S. 7, 8, 10

Was immer wiederkehrt

Jahr für Jahr wechseln die Jahreszeiten.
Frühling und Sommer bringen Sonne und Wärme.
Im Herbst weht der Wind die Blätter von den Bäumen.
Im Winter legt sich der Schnee wie eine Decke
auf das Land.

1 Welche Bilder passen zu welcher Jahreszeit?

 Ordne zu und verbinde mit verschiedenen Farbstiften.

 Besprecht eure Lösungen.

Herbst

Winter

Sommer

Frühling

Einstieg in das Kapitel mit Hilfe des Bildes und des Textes: Den Baum im Wechsel der Jahreszeiten erkennen, Merkmale (Veränderungen in der Natur, Rituale zu Festen/Feiertagen) der Jahreszeiten benennen, besprechen, dass die Jahreszeiten mit jedem neuen Jahr immer wiederkehren; die Symbole mit der richtigen Jahreszeit verbinden

S. 2, 3, 16

Festtage im Jahr

1 Klebe die Bilder ein. In welchem Monat wird das Fest gefeiert?

Seite 95	Seite 95	Seite 95
Kindertag im	Sankt Martin im	Ostern im
Juni		

Seite 95	Seite 95	Seite 95
Fasching im	Silvester im	Weihnachten im

Seite 95		
Tag der deutschen Einheit		

im _____

2 Trage zwei weitere Festtage in die leeren Felder
der Aufgabe **1** ein.

Magst du
das auch?

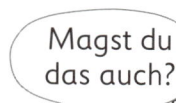

3 Setze diese Wörter in den Text ein.

Fasching – Festtage – Jahres – Ostern – Weihnachten

Im ganzen Jahr feiern wir F_____. Einige Festtage sind immer

am gleichen Tag des _____ : der Tag der deutschen Einheit

oder _____. Es gibt aber auch Festtage, die jedes Jahr

an einem anderen Tag sind: _____ und _____ .

Wichtige Festtage als politische, religiöse und kulturelle Orientierung im Kalender kennen lernen und benennen;
sie als Rituale begreifen, die jedes Jahr wiederkehren; Bildsymbole zu Festtagen erkennen und selbst entwerfen,
Unterschied zwischen festen und flexiblen Festen verstehen

S. 2, 3, 16

4 In über 145 Ländern auf der Welt feiern Kinder den Kindertag.
Wie feierst du diesen Tag?

5 Was wünschst du den Kindern der Welt zum Kindertag?

Den Kindertag als internationales Fest für Kinderrecht kennen lernen;
über eigene Erlebnisse am Kindertag erzählen und Wünsche für andere Kinder auf der Welt formulieren

Tag und Nacht kehren immer wieder

Ein Tag hat 24 Stunden.
Tagsüber bist du wach. Du lernst, isst oder spielst.
Abends wirst du müde. In der Nacht schläfst du.

1 Trage für einen Tag deine Zeiten ein, zum Beispiel: 7:00, 9:00 ...

Darüber sprechen, dass auf jeden Tag ein neuer Tag folgt sowie Tage bestimmten Abläufen und Ritualen folgen,
Uhrzeiten für den eigenen Tagesablauf eintragen, zwischen Tag und Nacht unterscheiden

2 Beschrifte die Zeichnung.

👁 Sonne – Erde – Mond – Tag – Nacht

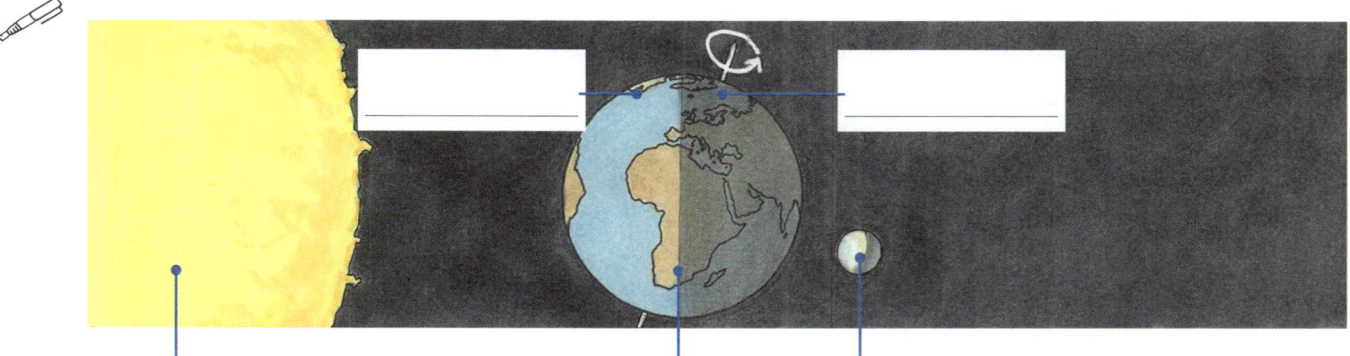

_____   _____   _____

3 Wo ist Tag und wo ist Nacht? Macht einen Versuch.

Beleuchtet in einem dunklen Raum einen Globus mit einer Taschenlampe.
- Ein Kind dreht langsam den Globus.
- Das Partnerkind leuchtet den Globus mit der Taschenlampe an.
- Was beobachtet ihr?

_____

_____

_____

_____

4 Male Bilder in den Text.

Erde   Sonne   Kugel

Die Erde ist ein Planet, rund wie eine [ ] .

Sie dreht sich langsam um sich selbst.

Die [ ] braucht für die Drehung 24 Stunden.

Während sich die Erde dreht, scheint die [ ] auf die Erde.

Beim Drehen wird immer ein anderer Teil der [ ] von der [ ] beleuchtet.

Auf dem beleuchteten Teil der [ ] ist Tag,

auf dem unbeleuchteten Teil ist Nacht.

Besprechen, dass jeder Tag mit der sich anschließenden Nacht endet, bevor ein neuer Tag beginnt; die Zeichnung
beschriften; in einem Versuch mit Globus und Taschenlampe die Entstehung von Tag und Nacht visualisieren;
die Entstehung von Tag und Nacht anhand des Lückentextes nachvollziehen und die richtigen Symbole einzeichnen

S. 2, 3, 11, 16

49

Lies auf Seite 87 – 88 nach.

Bearbeite Seite 2.

Alle Jahre wieder

1 Wie heißen die Jahreszeiten, die alle Jahre wiederkehren?

2 Vervollständige die Sätze.

Ein Tag und eine Nacht

haben _____ Stunden.

Eine Woche hat _____ Tage.

Eine Schulwoche hat _____ Tage.

Ein Jahr hat _____ Wochen.

Der Mai hat _____ Tage.

3 Hier haben sich Wörter von Ereignissen versteckt, die im Jahr immer wiederkehren. Findet die restlichen 9 Wörter. Malt sie farbig an.

A	M	O	R	G	E	N	I	S	M
W	O	W	C	H	E	U	T	H	A	O
I	N	X	E	Z	T	O	L	M	S
J	A	H	R	E	S	Z	E	I	T
A	T	A	B	R	P	E	V	U	E
H	X	B	S	K	Y	M	N	Y	R
R	V	E	T	A	G	T	A	P	N
L	P	N	I	O	U	X	C	I	E
K	Y	D	X	P	W	U	H	V	S
G	E	B	U	R	T	S	T	A	G

Den Jahreszeitenkreis mit der richtigen Jahreszeit beschriften; die Sätze zu den Zeitspannen Jahr, Monat, Woche, Tag vervollständigen; die 9 versteckten Wörter zu Ereignissen, die im Jahr immer wiederkehren im Worträtsel finden (waagerecht: Morgen, Woche, Tag, Geburtstag; senkrecht: Herbst, Jahr, Abend, Ostern, Nacht) und farbig anmalen

S. 2, 11, 16

Alles in Bewegung

Tiere und Menschen sind mobil.
Sie können sich von einem Ort
zum anderen bewegen.
Pferde halfen den Menschen schon früher,
von einem Ort zum anderen zu kommen.
Pferdesport ist heute sehr beliebt.

1 Wie bewegen sich Pferde? Wähle aus den Wörtern aus.

kriechen – traben – krabbeln – fliegen – galoppieren –
schreiten – schwimmen – springen – laufen

_____

2 Wie bewegen sich Menschen?

_____

_____

_____

Einstieg in das Kapitel mit Hilfe des Bildes und des Textes: Erkennen, dass Tiere und Menschen auf unterschiedliche Weise mobil sind (z.B das Pferd schreitet, die Frau geht, das Kind reitet); verschiedene Fortbewegungsarten vom Pferd heraus- schreiben; überlegen und schreiben, wie Menschen sich fortbewegen

S. 2, 3, 7

51

Wer und was bewegt sich wie?

1 Wie bewegen sich diese Tiere?

Die Stubenfliege hat _____ Beine

und _____ Flügel. Mit den Beinen kann

sie _____. Das Flügelpaar

hilft beim _____ .

Die Kreuzspinne hat _____ Beine.

Sie nutzt die Beine nicht nur

zum _____. Sie befühlt

mit den Beinen auch ihre Beute.

Das Reh hat _____ schlanke, hohe

Beine. Rehe gehen und traben.

Auf der Flucht galoppieren sie.

Der Storch hat _____ Beine

und _____ Flügel. Er _____ in der

Luft und _____ auf dem Boden.

2 Beobachte einen Schmetterling.
Wie bewegt er sich fort?

_____

_____

_____

_____

52

Die Textlücken zu jedem Foto ergänzen und so beschreiben, welches Tier sich wie bewegt (Stubenfliege: sechs Beine und zwei Flügel, Kreuzspinne: acht Beine, Reh: vier Beine, Storch: zwei Beine und zwei Flügel); einen Schmetterling beobachten und herausfinden, wie er sich fortbewegt

S. 2, 3, 7, 16

3 Wie bewegen sich die Kinder von einem Ort zum anderen?

 Schreibe unter die Bilder. Diese Wörter kannst du nutzen:

gehen – rennen – läuft – fährt

Sie _____ *Sie r* _____ _____

_____ _____ _____

_____ _____ _____

4 Vergleiche die Kinderfahrzeuge aus Aufgabe **3**:
Was haben alle gemeinsam?

_____

_____

_____

_____

Die Bilder betrachten und besprechen, wie sich diese Kinder von einem Ort zum anderen bewegen, die verschiedenen Verben lesen, den Fortbewegungsmitteln zuordnen (das Kind läuft: Schlittschuh, Ski; das Kind fährt: Fahrrad, Roller, Skateboard, Inliner, Quad); die Kinderfahrzeuge vergleichen und herausfinden, was sie gemeinsam haben (Räder/Rollen)

 S.3, 7

53

Freundeseite

Lies auf Seite 89 nach. Bearbeite Seite 2.

Bewegung macht Spaß

1 Könnt ihr das Gleichgewicht halten?
Probiert es aus.

- Auf einem Strich entlang gehen – vorwärts und rückwärts
- Auf einem Bein stehen
- Auf einem Bein hüpfen
- Sich um die eigene Achse drehen

2 Beobachtet euch bei den Übungen der Aufgabe **1**.
Bewertet, was ihr wie könnt.

Übung	🙂 😐 🙁
Vorwärts auf einem Strich gehen	
Rückwärts auf einem Strich gehen	
Auf einem Bein stehen	
Auf einem Bein hüpfen	
Sich um die eigene Achse drehen	

Ich kann gut auf einem Bein stehen.

Ich muss mich festhalten.

3 Wer auf Rollen unterwegs ist, der muss lenken können, die Spur halten, abbremsen, Hindernisse umfahren und das Gleichgewicht halten.
Was habt ihr schon ausprobiert?
Berichtet einander, was schwierig war. Vermutet, warum es schwierig war.

Versuche zu Bewegung und Gleichgewicht durchführen; das Können der Übungen im Anschluss mit Smileys bewerten; Versuche zu Bewegung und Gleichgewicht auf Rollen besprechen, einander berichten, was man schon ausprobiert hat und wo die Schwierigkeit bei den Übungen liegt

 **S. 5, 6**

Das Rad kommt ins Rollen

Bevor das Rad erfunden wurde, mussten Menschen und Tiere schwere Arbeit leisten. Lasten wurden zum Beispiel getragen oder gezogen. Man konnte nur kurze Strecken zurücklegen. Die ersten Räder wurden aus dickem Holz gebaut. Sie waren von großem Nutzen.

 Vermutet: Warum war die Erfindung des Rades eine große Hilfe?

Vorher

Nachher

Einstieg in das Kapitel mit Hilfe des Bildes und des Textes: Vermuten, um was für ein Rad es sich handelt, besprechen, dass das Scheibenrad eines der ersten Räder und von großer Bedeutung war; anhand der Comics die Bedeutung erfassen (1–3: Transport, Schnelligkeit und Mobilität, vor der Erfindung und nach der Erfindung)

S. 2, 3, 11, 16

55

Kein Fahrzeug ohne Rad

Weit weg.

Wohin fahren wir?

 1 Seit der Erfindung des Rades wurden Fahrzeuge
 mit Rädern immer weiter entwickelt. Ordne die Räder zu.

Seite 95

Die ersten Räder waren schwere Holzräder am Karren.
Die Karren ließen sich nur schwer lenken.

Seite 95

Später baute man stabile Räder mit Holzspeichen.
Die Wagen wurden leichter und konnten schneller gezogen werden.

Seite 95

Viele Jahre vergingen. Die Räder wurden mit Metallreifen
auf dem Holzkranz versehen. Das schonte das Holz.

Die drei Comics zur Geschichte des Rads (vom Scheibenrad am Ochsenkarren zum Speichenrad aus Holz am
Streitwagen hin zum Speichenrad mit Metallreifen an der Kutsche) betrachten, die Texte lesen und die Unterschiede
der Räder erkennen, die Fotos der zugehörigen Räder ausschneiden und dem richtigen Comic zuordnen

 S. 2, 3, 11

2 Vor 200 Jahren wurde das Fahrrad erfunden.

Die ersten Fahrräder waren fast nur aus Holz.

Was fällt dir an diesem Fahrrad auf? Schreibe auf.

1

_____

_____

_____

_____

_____

3 Das Fahrrad wurde immer weiter verbessert.

Verbinde Bilder und Texte.

2

Der Kettenantrieb wurde erfunden.
Wenn der Fahrer die Pedale trat, übertrug
eine Kette den Antrieb auf das Hinterrad.
Man konnte den Boden leicht mit den
Füßen erreichen.

3

Dieses Fahrrad hatte schon Pedale
am Vorderrad. Eine Tretkurbel drehte
das Vorderrad.

4

Später erfand ein Engländer das Hochrad
mit Reifen, Speichen und Bremsen.
Aufsteigen und Absteigen waren schwierig.

4 Welche verschiedenen Fahrradtypen gibt es heute?

Sammelt Bilder und gestaltet ein Plakat.

Das Bild betrachten und erkennen, was die Besonderheit des ersten Fahrrads war (Laufrad); die technische
Weiterentwicklung des Fahrrads besprechen, die Bilder vergleichen und mit dem richtigen Text verbinden;
Bilder von modernen Fahrradtypen sammeln, ein Plakat erstellen und präsentieren

S. 2, 3, 5, 7, 11, 16

Lies auf Seite 90 nach.

Bearbeite Seite 2.

Fahren mit zwei, drei und vier Rädern

1 Wie heißen die Fortbewegungsmittel und die Transportmittel?

Name: _Lastenf_ _____ _____

Name: _Lieferw_ _____ _____

2 Betrachte die Bilder in Aufgabe **1**. Ordne sie in die Tabelle ein.

Mit Motor	Ohne Motor

3 Baut ein Fahrzeug ohne Motor. Nutzt den Wegweiser Seite 12.

Die Namen der Transport- und Fortbewegungsmittel aufschreiben und besprechen; sie in eine Tabelle sortieren nach „Mit Motor" und „Ohne Motor"; selbst ein Fahrzeug ohne Motor mit Hilfe des Wegweisers S. 12 zeichnen, planen, bauen

S. 2, 6, 7, 12

Mein Fahrrad

Radfahren macht Spaß.
Aber aufgepasst: Dein Fahrrad muss verkehrssicher sein.
Im Straßenverkehr sind Verkehrsregeln zu beachten.
Übe das Fahren und die Regeln
im Verkehrsgarten.

Unser Tandem ist verkehrssicher.

1 Das musst du wissen.

 Male grün an, was richtig ist. Male rot  an, was falsch ist.

Grundschüler dürfen mit dem Fahrrad zur Schule fahren. ☐

Kinder bis 8 Jahre müssen auf dem Gehweg fahren. ☐

Kinder bis 10 Jahre müssen auf dem Gehweg fahren.  ☐

Fahrradhelme dürfen nur bei Regenwetter getragen werden. ☐

Mein Fahrrad muss zwei Bremsen haben. ☐

Einstieg in das Kapitel mit Hilfe des Bildes und des Textes: Fahrradtypen und Fahrradzubehör beschreiben, erkennen, dass alle Familienmitglieder einen Helm tragen, vermuten, was für ein „verkehrss cheres" Fahrrad wichtig ist; die Sätze lesen und die Antworten in der entsprechenden Farbe ausmalen

S. 2, 3, 11

59

Das verkehrssichere Fahrrad

1 Diese Teile muss ein verkehrssicheres Fahrrad haben.
 Wo sind sie am Rad zu finden?

1	2	3	4	5
Bremse am Vorderrad	Bremse am Hinterrad	Hell tönende Klingel	2 Rückstrahler je Pedale	4 Speichen-rückstrahler
6	7	8	9	10
Großflächen-rückstrahler	Schlussleuchte	Rückstrahler	Scheinwerfer	Frontstrahler

2 In Aufgabe **1** sind die Fahrradteile nummeriert.
 Trage hier die Nummern der Teile ein.

Die zehn Teile eines verkehrssicheren Fahrrads betrachten und benennen; die Nummern der Teile im nächsten
Schritt in die Kästchen eintragen und so das Rad beschriften, über die Position der Teile am Rad sprechen,
besprechen, dass zwei voneinander unabhängige Bremsen auch häufig am Lenker sind

S. 2, 11

3 Wie transportierst du deine Schultasche beim Radfahren sicher? ☒

4 Warum sollst du beim Radfahren einen Fahrradhelm tragen? Erforsche.

Ich trage einen Fahrradhelm, weil …

---

5 Ergänze die Sätze mit diesen Wörtern:

 drücken – Ohr – passen – rutschen – verschlossen

Der Fahrradhelm muss genau _____.

Er darf nicht hinten in den Nacken und nicht

nach vorne in die Stirn _____.

Er darf aber auch nicht _____.

Der Gurt muss um jedes _____ ein Dreieck 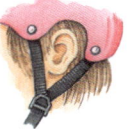 bilden.

Dann wird der Gurt festgezogen und unter dem Kinn _____.

Die Fotos zum Schultaschentransport auf dem Fahrrad betrachten, ankreuzen, welche die sicherste Variante ist, besprechen, warum die anderen Varianten gefährlich und/oder schlecht für die Körperhaltung des Kindes sind; begründen, warum jeder beim Radfahren einen Helm tragen sollte; die fehlenden Wörter im Text eintragen und besprechen

S. 2, 3, 11

61

Wichtige Radfahr-Helfer

1 Wobei helfen Mechaniker in der Fahrradwerkstatt?

2 Was gehört zum Zubehör beim Radfahren? Warum sind die Teile nützlich?

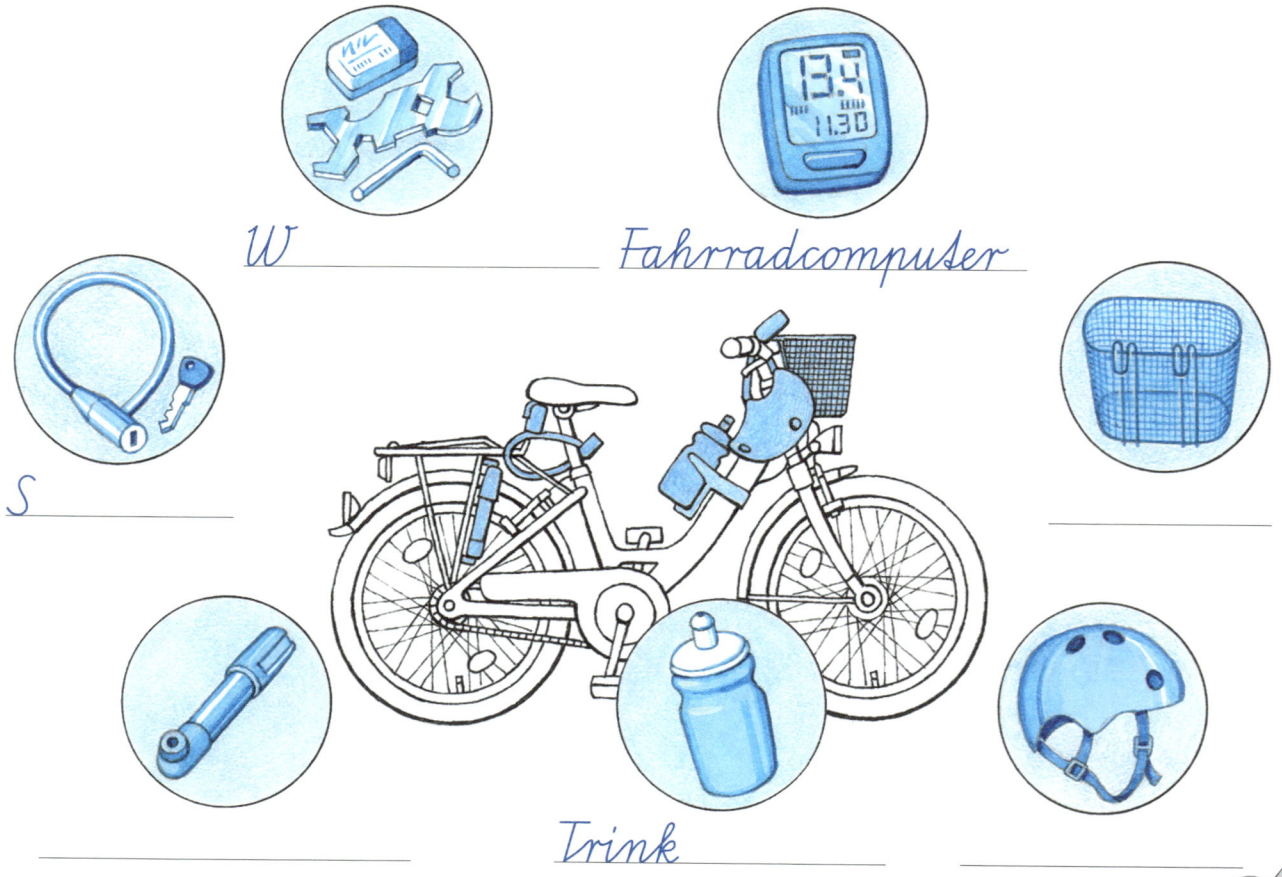

W _____   Fahrradcomputer

S _____

Trink _____

Das Bild betrachten, die Fahrradwerkstatt und die Arbeit der Mechaniker besprechen (z.B. Reifenreparatur, Feststellen des Sattels); über Radfahrzubehör sprechen, das dargestellte Zubehör beschriften, besprechen, wofür die Teile nützlich sind; eine Fahrradwerkstatt besuchen

S. 2, 5, 11

3 Untersucht eine Luftpumpe. Beschriftet ihre Teile.

 Auslassventil – Griff – Kolben – Kolbenstange – Pumpzylinder

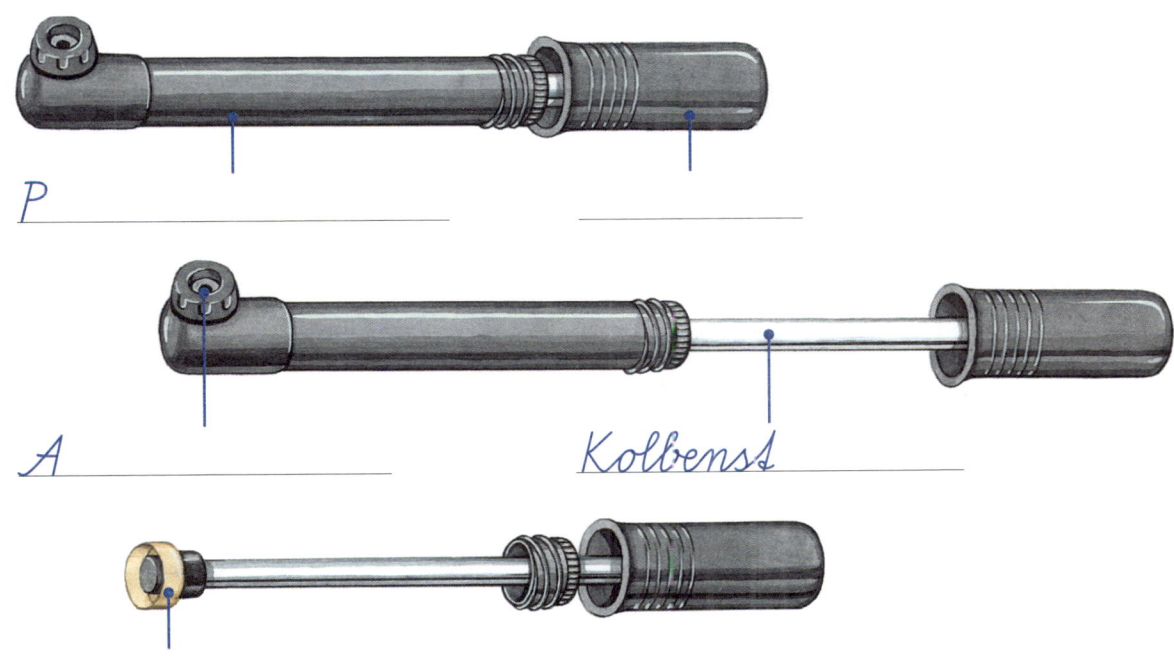

P _____   _____

A _____   *Kolbenst* _____

_____

4 Probiert die Luftpumpe aus. Wie funktioniert sie? Beendet die Sätze.
Ihr könnt auch einen Fachmann fragen.

 • Du ziehst den Griff nach oben.

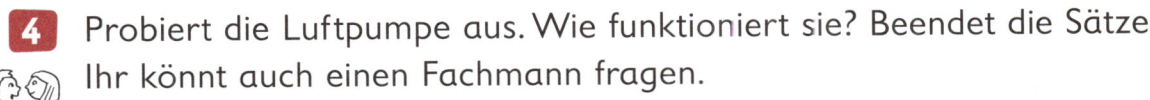

unterer Bereich   oberer Bereich

Luft strömt vom oberen Bereich *in den* _____ .

• Du drückst den Griff nach unten.

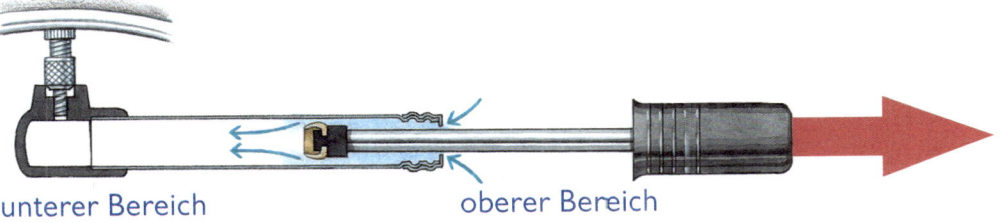

Luft strömt über das Auslassventil *in den R* _____

und durch die Öffnung um die Stange wieder in den Pumpzylinder.

Eine technische Untersuchung der Luftpumpe durchführen; die Teile der Luftpumpe mit Hilfe der vorgegebenen
Wörtern beschriften und die Begriffe erläutern; die Funktion der Luftpumpe genauer untersuchen und die beiden
Sätze vervollständigen

S. 3, 10, 11, 16

63

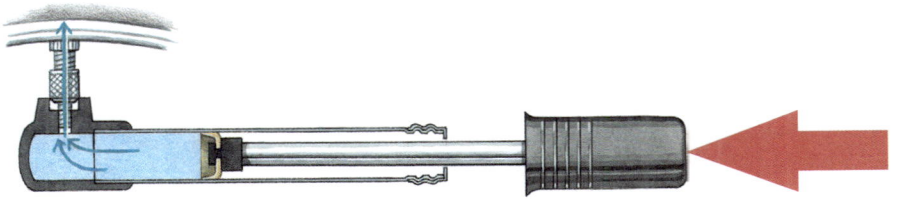

Lies auf Seite 91 nach.

Bearbeite Seite 2.

Fahrräder – mal so, mal so

1 Was ist denn hier passiert? Was ist zu tun?

_____

_____

_____

_____

2 Gestalte einen Steckbrief zu einem Fahrrad. Forsche nach.

Fahrradsteckbrief

Besitzer des Rades: _____

Marke/Hersteller: _____

Typ: _____

Farbe: _____

Reifengröße: _26 Zoll_____

Anzahl der Gänge: _____

Zubehör: _Korb,_____

3 Fahrräder werden immer weiter entwickelt.
Wie könnte das Fahrrad der Zukunft aussehen? Male oder schreibe.

Fahrräder – mal so, mal so

64

Das Foto des kaputten Rads betrachten und erzählen, was dort passiert sein könnte, einen Satz formulieren, was repariert werden muss; einen (Produkt)-Steckbrief zum eigenen oder einem anderen Rad gestalten, Nachforschungen anstellen; ein Fahrrad der Zukunft malen oder schreiben

S. 2, 10, 11, 13

Wir lernen Räume kennen

Ob Radfahrer oder Fußgänger: Gib Acht im Straßenverkehr.
Du musst viele Verkehrsregeln kennen.
Verkehrszeichen zeigen Regeln.
An der Ampel: Rot heißt Warten, Grün heißt Starten!

1 Lest gemeinsam: Welcher Name passt zu welchem Verkehrsschild?

1    2    3    4    5

6    7    8    9

9 Sonderweg Fußgänger	gemeinsamer Fuß- und Radweg	Fußgängerüberweg
Sonderweg Radfahrer	getrennter Fuß- und Radweg	Halt! Vorfahrt gewähren
Beginn eines verkehrs-beruhigten Bereichs	Verbot für Radverkehr	Ende eines verkehrs-beruhigten Bereichs

Einstieg in das Kapitel mit Hilfe des Bildes und des Textes: Die Straßensituation an einer großen Kreuzung erfassen, die verschiedenen Verkehrsmittel benennen und miteinander vergleichen, über die Bedeutung von Verkehrsregeln sprechen; die Verkehrsschilder beschreiben und die passende Bedeutung finden, die restlichen Nummern zuordnen

S. 2, 3, 11, 16

65

Unterwegs im Straßenverkehr

1 Drei Kinder sind auf dem Weg zur Schule.

Sascha 🎒 und Ina 🎒 gehen zu Fuß. Sofie 🚲 fährt Fahrrad.
Umkreise die drei Kinder im Bild in der passenden Farbe.

2 Male die Schulwege der Kinder farbig in das Bild:

 SASCHA    INA   SOFIE

SASCHA wohnt hinter der Bäckerei.	INA wohnt über dem Modeladen.	SOFIE wohnt am Bahnhof.

3 Wo müssen die drei Kinder besonders aufpassen?
Male dort ein **!** in das Bild.
Sprecht dann darüber.

Auf der Schrägbilddarstellung Gebäude und Verkehrszeichen erkennen und benennen, dabei Lagebeziehungen erklären; die unterschiedlichen Wege der Kinder zur Schule beschreiben; Stellen benennen, an denen die Kinder besonders aufpassen müssen

S. 2, 16

4 Die Kinder sind zu Fuß und mit dem Fahrrad unterwegs.
Male die passenden Verkehrsschilder ein. Was müssen die Kinder beachten?

_____

_____

_____

5 Es gibt manchmal gefährliche Situationen im Straßenverkehr.
Worauf müssen alle achten? Ergänze die Sätze.

Vom Kind aus gesehen　　　　　　**Vom Fahrzeug aus gesehen**

Der Autofahrer sieht das Kind
kaum. Er muss hier langsam
fahren. Das Kind muss auch

auf den Verkehr _____.

Die Beifahrerin schaut
in den Rückspiegel,
bevor sie die Autotür öffnet.
Auch der Radfahrer muss auf

das haltende Auto _____.

Die Bilder betrachten und erkennen, um welche Wege es sich handelt (gemeinsamer Rad- und Fußweg, getrennter Rad- und Fußweg) und das passende Verkehrsschild einzeichnen, einen Satz dazu schreiben; gefährliche Situationen im Straßenverkehr thematisieren und an den abgebildeten Situationen besprechen, das jeweils letzte Wort des Satzes ergänzen

S. 2, 3, 16

67

Kinder aufgepasst!

1 Was tun die Kinder? Beschreibe.

Elias

Alex

Lena

Liam

Lara

Tim

2 Schreibe zum Bild oben zwei Verkehrsregeln.

▶ _____

▶ _____

▶ _____

▶ _____

▶ _____

▶ _____

Immer Augen auf im Straßenverkehr.

Die Straßensituation auf der Abbildung betrachten und über das Verhalten der Kinder sprechen, erkennen und benennen welche Kinder sich nicht umsichtig verhalten; zum Bild zwei Verkehrsregeln aufschreiben

S. 2, 16

3 Aufpassen bedeutet auch, auf Zeichen und Signale von anderen Verkehrsteilnehmern zu achten. Erkläre die Bilder.

4 Löst die Fragen gemeinsam. Schreibt die Antworten auf.

Wie muss sich die Fahrradklingel anhören?

Wann darf ich eine Fahrradklingel benutzen?

Klingelt in der Nähe eine Fahrradklingel, dann muss ich …

5 Untersucht eine Fahrradklingel.
Vermutet, wie sie funktioniert.
Forscht nach.

Über die Bedeutung von Zeichen und Signale im Straßenverkehr sprechen, die Bedeutung zu jedem Bild aufschreiben; gemeinsam Lösungen für die Fragen nach der Fahrradklingel finden und aufschreiben; eine Fahrradklingel auseinander nehmen und Teile erkennen, vermuten wie die Klingel funktioniert

S. 2, 11, 16

69

Verkehrsmittel und Verkehrswege

1 Welche Verkehrsmittel entdeckst du?

2 Schreibe die Namen der Verkehrsmittel auf.

_____

_____

_____

3 Zähle alle Fahrzeuge auf dem Bild.

Es sind _____ Fahrzeuge.

70

Das Bild betrachten, die verschiedenen Verkehrsmittel benennen, sie miteinander vergleichen und ihre Besonderheit besprechen (mit und ohne Motor/mit und ohne Rollen/öffentlich und privat); alle Verkehrsmittel, die im Bild zu entdecken sind, aufschreiben; alle Fahrzeuge zählen und aufschreiben

S. 2, 7

4 Wie bist du auf diesen Verkehrswegen unterwegs?
Male und schreibe.

5 Was passiert denn hier? Können Autos fliegen?
Schreibe eine kurze Geschichte zu dem Bild.

_____

_____

_____

_____

_____

_____

Die Bilder betrachten und erkennen, dass es sich um verschiedene Verkehrswege handelt, schreiben und malen,
wie man auf den einzelnen Wegen unterwegs ist, darüber sprechen, dass nicht alle Verkehrsmittel für alle Wege
geeignet sind und begründen; eine kurze Geschichte zum fliegenden Auto schreiben

Von Ort zu Ort

1 Paul möchte zu verschiedenen Orten. Wie ist er unterwegs? Begründe.

▶ _____

▶ _____

▶ _____

2 Mit welchen Fahrzeugen warst du schon unterwegs?

▶ _____

▶ _____

▶ _____

Darüber sprechen und aufschreiben, aus welchem Grund Paul verschiedene Fortbewegungsmittel benutzt um zu verschiedenen Orten zu kommen (z.B. Entfernungen, Schnelligkeit, besser für die Gesundheit, praktikabel usw.); berichten und schreiben, mit welchen Fahrzeugen die Kinder selbst schon unterwegs waren

S. 2, 14, 16

3 Male auf ein Blatt Papier:

Meine weiteste Reise mit einem Fahrzeug.

4 Jedes Fortbewegungsmittel hat Vorteile und Nachteile
für uns und unsere Umwelt. Ordne passende Wörter zu.
Du kannst sie mehrmals verwenden.

Vorteile	Nachteile
schnell, sehr schnell, kein Stau, hält fit, Zeit zum Verweilen, fliegt über Wasser, Sachen transportieren, viele Sitzplätze, gut für die Gesundheit, schont die Umwelt	langsam, Lärm, tanken, teuer, Abgase, feste Abfahrzeit, bei Regen nass werden, Parkplatzsuche, Stau, Fahrkarten kaufen, anstrengend, keine weiten Strecken

Fortbewegungs-mittel	Vorteile	Nachteile

Die eigene weiteste Reise mit einem Fahrzeug malen; den Begriff Umwelt klären, den Fortbewegungsmitteln
Vorteile und Nachteile aus der Wörterbox zuordnen, zwei Fortbewegungsmittel aussuchen und mit Hilfe des
Wegweisers S.15 eine Pro-Kontra-Diskussion in der Klasse führen

 **S. 6, 7, 15, 16**

73

Freundeseite

Lies auf Seite 92–93 nach.

Bearbeit Seite 2.

Wege zum Ziel

1 Was passt nicht in die Reihe? Streiche durch.

2 Fahre die Wege der Fahrzeuge mit dem Finger nach.
Welcher Weg führt zum Schatz?

Wasserweg
Straße
Flugroute
Bahnlinie

3 Die Straße vor eurer Schule soll neu gebaut werden.
Wie stellt ihr euch diese vor? Malt und gestaltet eine Ausstellung.

Das Bild, das aus der Reihe fällt (Kind auf Skier) durchstreichen und begründen warum; die verschiedenen Wege der Fahrzeuge (Schiff: Wasserweg, Auto: Straße, Flugzeug: Flugroute, Bahn: Schienen) mit dem Finger nachfahren und die Wege zum Schatz finden; eine Wunsch-Straße malen und gestalten, in einer Ausstellung präsentieren

S. 2, 5, 16

Im Sommer

Eine Sonnenuhr am Strand:
Der Schatten des Stabes zeigt die Stunden an.
Wir bauen eine Sonnenuhr.
Ob sie wohl funktioniert?

> Geht das auch mit Kreide auf dem Schulhof?

1 Baut eine Sonnenuhr.
Malt jede Stunde eine Linie an den Schatten des Stabes.

> An jeder Linie steht die Uhrzeit.

Einstieg in das Kapitel mit Hilfe des Bildes und des Textes: Vermuten, was auf dem Bild zu sehen ist, im Strandsand eine Sonnenuhr aus Steinen, Holzstückchen, Muscheln und Stöckchen erkennen, vermuten, wie sie funktioniert; selbst eine einfache Sonnenuhr bauen; entdecken, dass Gegenstände einen Schatten werfen

S. 2, 3, 12, 16

75

Ein Schmetterling

1 Der Schmetterling verwandelt sich im Laufe seines Lebens.
 Klebe die Bilder in der passenden Reihenfolge auf.

1 Das Weibchen legt im Frühjahr Eier.

2 Nach 14 Tagen schlüpfen die Raupen.

3 Die Raupen häuten sich mehrere Male.

4 Nach etwa 3 Wochen spinnen sich die Raupen ein. Nun nennt man sie Puppe.

5 In 2 bis 3 Wochen verwandelt sich die Raupe in den Schmetterling.

6 Der Schmetterling schlüpft aus der Puppe. Er fliegt den ganzen Sommer.

Das Bild des Tagpfauenauges betrachten und den Schmetterling beschreiben; die Lebensstationen des Schmetterlings lesen und die zum Text passende Abbildung einkleben

 S. 2, 3, 11, 16

2 Betrachte das Foto in Aufgabe **1**.

Welche Farben erkennst du am Körper des Schmetterlings?

_____

_____

Was fällt dir am Körper besonders auf?

> Ich habe meine Augen am Kopf.

_____

_____

3 Der Schmetterling auf dem Foto heißt Tagpfauenauge.
Vermute, warum er diesen Namen hat.

_____

_____

4 Wie heißen die Körperteile eines Schmetterlings?
Beschrifte die Zeichnung mit den Nummern **1** bis **7**.

1 Fühler   **2** Kopf   **3** Brust   **4** Bein   **5** Hinterleib

6 Vorderflügel   **7** Hinterflügel

5

Die Farben des Schmetterlings benennen und aufschreiben; auf die augenförmigen Flecken auf den Flügeln
verweisen, den Namen durch den Vergleich mit Pfaunfedern ableiten; den Körperbau des Schmetterlings
mit entsprechenden Nummern beschriften

   S. 2, 11

77

Freundeseite

Lies auf Seite 94 nach.

Bearbeit Seite 2.

Pflanzen werden unterschiedlich alt

1 Sät Kressesamen auf Küchenkrepp aus.

Ihr braucht:
Teller,
Küchenkrepp,
Wasser, Kresse

6 Lagen

- Stellt den Teller auf das Fensterbrett.
- Feuchtet das Papier gut an und gießt regelmäßig.
- Wann zeigen sich die ersten Blättchen?

2 Sonnenblumen werden nur ein Jahr alt.
Die Bilder zeigen die Entwicklung der Sonnenblume.
Verbinde diese mit dem richtigen Text.

erste Blütenköpfchen
Juni

Samen aussäen
Mitte April

große Blüte
Juli–Oktober

Keimling wächst
Mai

Pflanze verwelkt
ab Oktober

Samen sind reif
September/Oktober

3 Bäume werden viele Jahre alt. Erzähle eine Geschichte aus dem Leben eines alten Baumes.

Spannende Geschichten!

Über das unterschiedliche Alter von Pflanzen (einjährige und mehrjährige Pflanzen) sprechen; Kressesamen aussäen;
die Entwicklung der Sonnenblume vom ersten bis zum letzten Bild mit dem zugehörigen Text verbinden;
das Bild der Eiche betrachten und eine kurze Geschichte aus dem Leben der alten Eiche erzählen

S. 8, 9, 11, 16

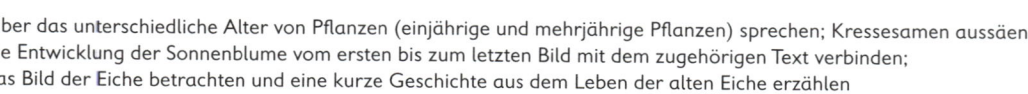

Sachwissen

Wenn du das Sachwissen eines Kapitels gelesen hast, kannst du das Bild ausmalen.

Lies das Wichtigste nach. Wiederhole und merke es dir.

            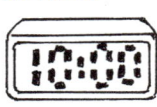           

In der Schule

Wochentage	Eine Woche hat sieben Tage. Alle Wochentage haben einen Namen und eine feste Reihenfolge: **Montag**, **Dienstag**, **Mittwoch**, **Donnerstag**, **Freitag**, **Samstag** und **Sonntag**. In der Schulzeit ist von Montag bis Freitag Unterricht in der Schule. Samstag und Sonntag ist dann schulfreies Wochenende. Der Samstag wird auch Sonnabend genannt.
Monate	Das Jahr hat 12 Monate: **Januar** ☃ **Februar** 🐱 **März** 🌷 **April** ☂ **Mai** 🐞 **Juni** 🌹 **Juli** 🏐 **August** 🏸 **September** 🪁 **Oktober** 🎃 **November** 🔦 **Dezember** 🎄 Einige Monate haben 30 Tage, andere sind 31 Tage lang. Die Faustregel: Berg – 31 Tage Tal – 30 Tage Ausnahme ist der Februar. Er ist nur 28 Tage lang. Jedes 4. Jahr ist ein Schaltjahr, dann dauert der Februar 29 Tage.
Pläne machen	Alles, was du dir für eine Woche oder einen Monat vornimmst, kannst du notieren, damit du es nicht vergisst. Das können Dinge für die Schule sein oder Ereignisse in der Familie und der Freizeit. 

Im Herbst

Natur im Herbst

Wir ernten Obst.

Die Blätter färben sich und fallen ab.

Der Igel bereitet sich auf den Winter vor.

Zugvögel fliegen in den Süden.

Eicheln, Kastanien und Bucheckern fallen von den Bäumen.

Das Eichhörnchen versteckt Vorräte für den Winter.

Herbstwetter

Im Herbst werden die Tage und die Nächte kühler.

Es wird schneller dunkel.

Oft ist es stark bewölkt.

Es regnet häufiger.

Der Wind bläst viel und kräftig.

Das tut mir gut

Ich bin ich	Jeder Mensch ist einmalig. Jedes Kind unterscheidet sich vom anderen: wie es aussieht, wie es denkt und sich verhält, was es gut kann oder nicht so gut kann.
Körperbau	Der Körperbau von Jungen und Mädchen ist fast gleich. Es unterscheiden sich nur die **Geschlechtsorgane**. Kopf, Hals, Brust, Arm, Bauch, Hand, Bein, Fuß, Vulva, Penis
Körperpflege	Eine regelmäßige Körperpflege ist wichtig. So bleibst du gesund und fühlst dich wohl. Hände waschen · Nägel schneiden · baden, duschen, Haare waschen · Haare kämmen Zähne putzen: Kauflächen, Außenflächen, Innenflächen

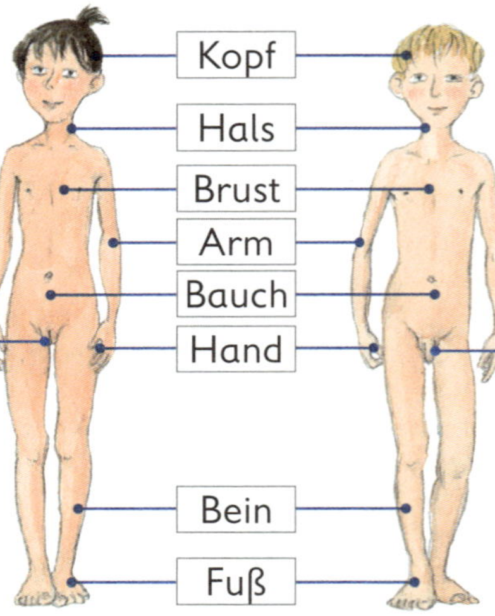

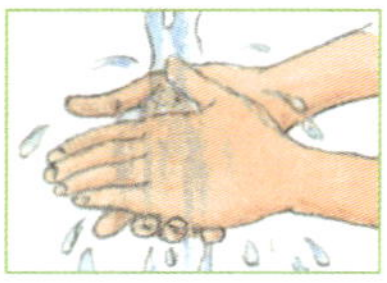

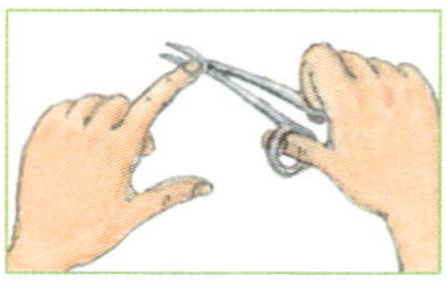

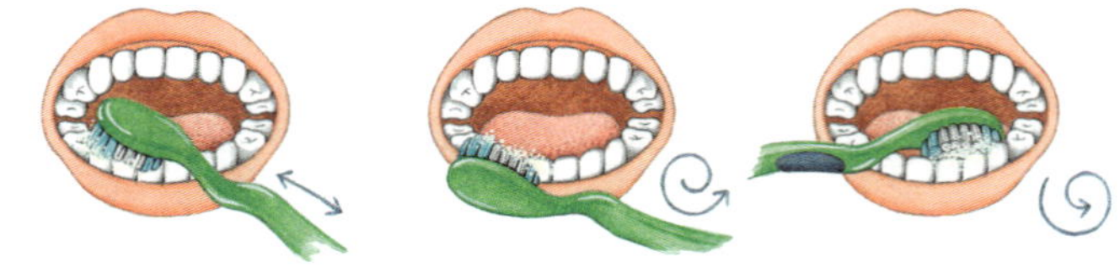

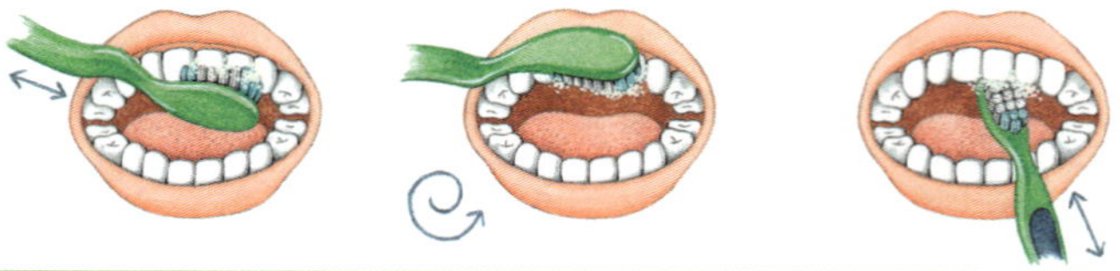

Im Winter

Gefahren bei Winterwetter	**Kälte** lässt uns frieren und schnell läuft die Nase. Warme Kleidung schützt. **Dunkelheit** macht uns im Straßenverkehr fast unsichtbar. **Eis** auf Gewässern ist oft nicht sicher. Man kann schnell einbrechen und ertrinken. **Winterwetter** **Schnee** als Schneeball geworfen, kann zu schweren Verletzungen führen. **Nebel** verschlechtert die Sicht und wir erkennen Hindernisse erst spät. **Glätte** lässt uns ausrutschen. Verletzungen sind möglich.
Wetterzeichen	Wetterbeobachtungen kannst du in Wettertabellen aufschreiben. Dafür nutzt du verschiedene Zeichen. sonnig heiter wolkig bedeckt Regen Schnee Hagel
Unfallhelfer	**Rettungskette** 1. Nothilfe: Ersthelfer helfen dem Verletzten sofort. 2. Notruf 112: Der Rettungsdienst schickt den Rettungswagen. 3. Erste Hilfe: Helfer kümmern sich um den Verletzten. 4. Rettungsdienst: Sanitäter bringen den Verletzten ins Krankenhaus. 5. Krankenhaus: Die Ärzte helfen im Krankenhaus.

Zeit sichtbar machen

Uhr	Mit einer Uhr lässt sich die Zeit messen. Es gibt verschiedene Uhren: Armbanduhr, Digitaluhr, Wanduhr, Wecker, Kuckucksuhr, Sonnenuhr, Sanduhr …

Viele Uhren haben ein **Ziffernblatt**, auf dem du die Zeit abliest. Das Ziffernblatt zeigt mit Ziffern 12 Stunden an. Der **Stundenzeiger** wandert in einer Stunde von einer Ziffer zur nächsten. In 24 Stunden umrundet er das Ziffernblatt zwei Mal. Das Ziffernblatt ist mit Strichen in 60 Minuten eingeteilt. Der **Minutenzeiger** wandert in einer Minute von Strich zu Strich. Er umrundet das Ziffernblatt einmal in einer Stunde.

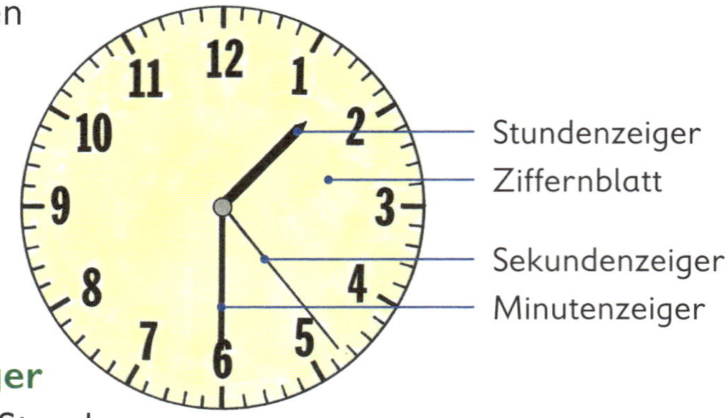

Stundenzeiger
Ziffernblatt
Sekundenzeiger
Minutenzeiger

Kalender

Ein Kalender ist eine Übersicht über einen längeren Zeitraum.

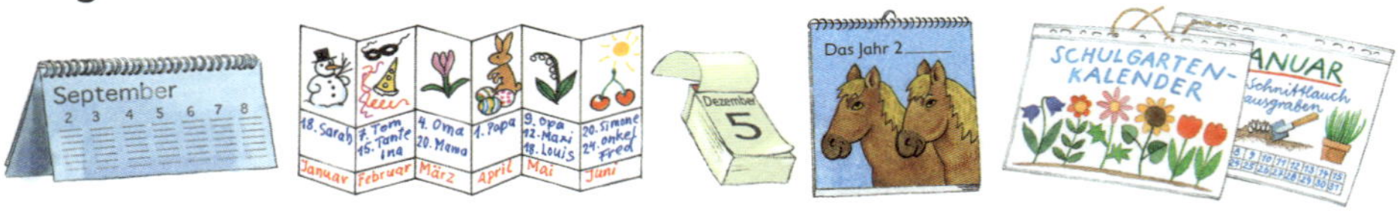

Kalender helfen Termine zu planen und wichtige Ereignisse nicht zu vergessen: Geburtstage, Feiertage …

Zeitstrahl

Ein Zeitstrahl stellt einen bestimmten **Zeitraum** dar. Er zeigt, wie weit Ereignisse zeitlich auseinander liegen.

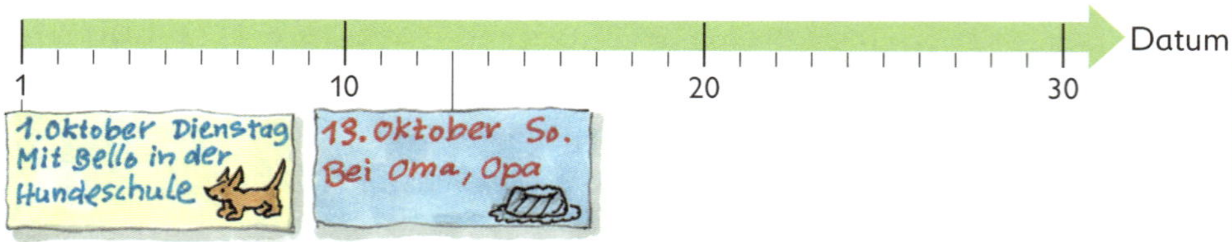

Datum

1   10   20   30

1. Oktober Dienstag
Mit Bello in der Hundeschule

13. Oktober So.
Bei Oma, Opa

Im Frühling

Frühblüher	Frühblüher blühen früh im Jahr. Sie kündigen den Frühling an. **Beispiele für Frühblüher** Narzisse — Märzbecher Hyazinthe — Tulpe Buschwindröschen — Krokus **Teile** Blüte Stängel Laubblatt Zwiebel Wurzel
Zugvögel	Schwalben sind Zugvögel. Sie sind im Frühling und Sommer bei uns. Hier brüten sie und ziehen ihre Jungen groß. Wenn die kalte Jahreszeit beginnt, sammeln sie sich und fliegen in wärmere Länder. Dort finden sie ausreichend Nahrung wie Würmer und Insekten.
Standvögel	Standvögel bleiben das ganze Jahr in ihrem Gebiet, zum Beispiel die Kohlmeise. Sie frisst Körner, die sie auch im Winter bei uns findet.

Zeit vergeht

Jahre vergehen

Menschen zählen ihr Alter in Jahren. Sie werden geboren und wachsen. An ihrer Entwicklung kannst du sehen, wie die Jahre vergehen.

6 Monate   3   9   15   25   50   80 Jahre

Spuren der Vergangenheit

Was heute passiert ist **Gegenwart**. Was war ist **Vergangenheit**. Überall kannst du Spuren vergangener Zeit entdecken: alte Gebäude, Bilder im Museum, Denkmäler, Omas Fotoalbum oder Fahrzeuge. Auch Kinder haben schon eine Vergangenheit und Spuren hinterlassen.

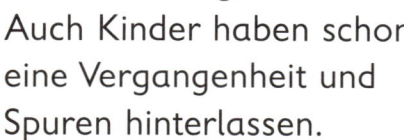

Fahrzeuge		
Essen		
Trinken		
Kleidung		

Oft heben wir Dinge aus der Vergangenheit zur Erinnerung auf.

Was immer wiederkehrt

Jahreszeiten

Bei uns hat ein Jahr 4 Jahreszeiten: **Frühling**, **Sommer**, **Herbst** und **Winter**. Jede Jahreszeit hat Besonderheiten.

Festtage im Jahr

In einem Jahr gibt es viele Festtage:

- Familienfeste (Geburtstag …)
- religiöse Feste (Weihnachten …)
- politische Feste (Tag der Deutschen Einheit …)
- kulturelle Feste (Karneval …)

Die meisten Festtage sind im Kalender genannt. Manche Feste haben jedes Jahr dasselbe Datum: Neujahr, Weihnachten, Tag der Deutschen Einheit. Bei anderen Festen wechselt das Datum: Ostern, Pfingsten. Zu Festen pflegen die Menschen besondere Bräuche. Es sind Tage, die sich aus dem Alltag herausheben.

Was immer wiederkehrt

Tagesablauf

Ein Tag hat 24 Stunden. Am Tag, wenn es hell ist, bist du wach. In der Nacht schläfst du.

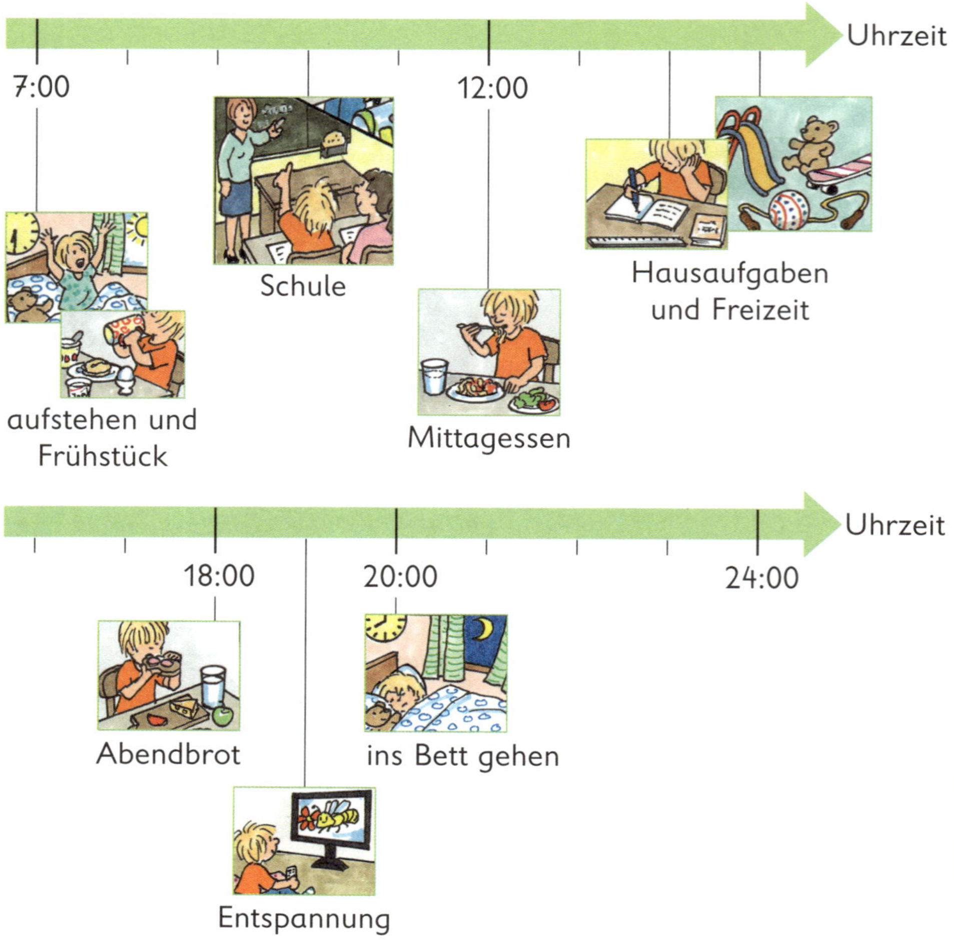

Uhrzeit

7:00   12:00

Schule

Hausaufgaben und Freizeit

aufstehen und Frühstück

Mittagessen

Uhrzeit

18:00   20:00   24:00

Abendbrot   ins Bett gehen

Entspannung

Tag und Nacht

Die Erde dreht sich in 24 Stunden einmal um sich selbst. Dabei scheint die Sonne auf die Erde und beleuchtet immer den Teil, der zu ihr zeigt. Auf dem beleuchteten Teil der Erde ist Tag, auf dem unbeleuchteten Teil ist Nacht.

Alles in Bewegung

Tiere bewegen sich	Tiere können sich von einem Ort zum anderen bewegen. Sie nutzen verschiedene Möglichkeiten der Fortbewegung:  fliegen · hüpfen · schwimmen · galoppieren tauchen · kriechen · klettern · krabbeln
Menschen bewegen sich	Menschen sind mobil: Sie laufen, rennen, schleichen, springen, hüpfen, tanzen, kriechen, trippeln … von einem Ort zum anderen.
Bewegung mit und ohne Rollen	Menschen haben viele verschiedene Fahrzeuge und Hilfsmittel erfunden, um sich von Ort zu Ort zu bewegen.

Bewegung mit Rollen	Bewegung ohne Rollen
• Bus • Auto • Fahrrad • Roller • Straßenbahn • Skateboard • Motorrad • Zug • Inliner • Quad • …	• Schlitten • Schlittschuhe • Boot • Schiff • Ski • Flugzeug • Surfbrett • Heißluftballon • …

Das Rad kommt ins Rollen

Erfindung des Rades

Vor langer Zeit haben unsere Vorfahren das Rad erfunden. Die ersten Räder wurden aus Holz gebaut. Räder erleichterten das Leben der Menschen sehr. Schwere Lasten konnten nun einfacher und schneller transportiert werden.

Geschichte des Fahrrads

Die ersten Fahrräder waren **Laufräder** und bestanden fast nur aus Holz.

Dann erfand man die Pedale am Vorderrad. Bei diesem **Tretkurbelrad** drehte eine Tretkurbel das Vorderrad.

Später erfand ein Engländer das **Hochrad** mit Gummireifen, Speichen und Bremsen. Aufsteigen und Absteigen waren schwierig.

Das **Niederrad** hatte schon Kettenantrieb. Beim Treten der Pedale übertrug eine Kette den Antrieb auf das Hinterrad. Heutige Räder haben Luftreifen und Rücktrittbremse.

Mein Fahrrad

Verkehrs-sicheres Fahrrad	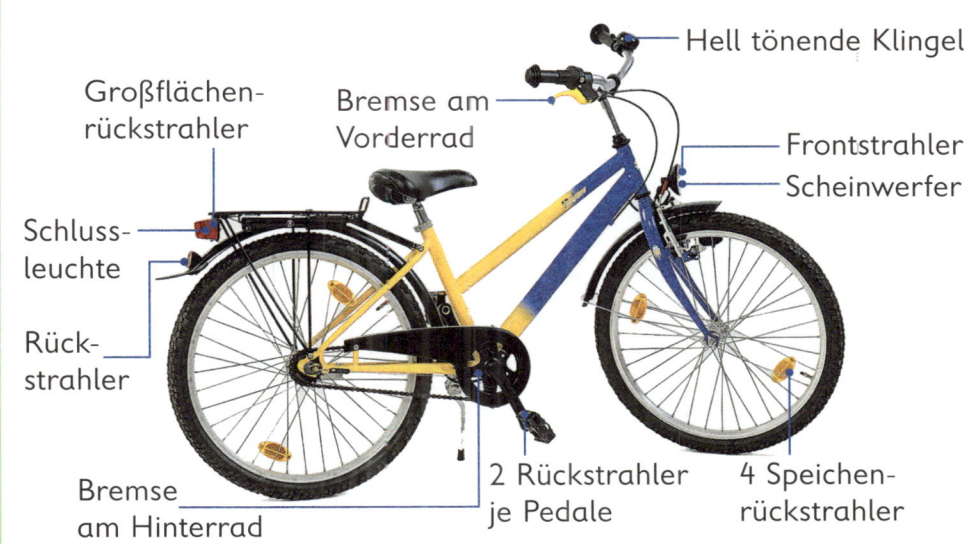 Hell tönende Klingel Großflächen-rückstrahler Bremse am Vorderrad Frontstrahler Scheinwerfer Schluss-leuchte Rück-strahler Bremse am Hinterrad 2 Rückstrahler je Pedale 4 Speichen-rückstrahler
Fahrradhelm	Bei Unfällen schützt ein Fahrradhelm den Kopf vor schweren Verletzungen. Er muss genau passen. Er darf nicht drücken aber auch nicht rutschen. Beschädigte Helme dürfen nicht mehr benutzt werden. **Fahre immer mit Helm!** 
Zubehör beim Radfahren	Beim Radfahren ist Zubehör nützlich. Es kann dir helfen sicher am Ziel anzukommen. Wenn dein Reifen nur wenig Luft hat, benutzt du die **Luftpumpe**, um ihn aufzupumpen. Im **Fahrradkorb** sollst du schwere Dinge, wie deine Schultasche transportieren. Das **Fahrradschloss** schützt dein Rad vor Diebstahl. Mit dem **Fahrradcomputer** weißt du immer genau, wie viele Kilometer du gefahren bist. Ein Getränk in der **Trinkflasche** ist für lange Strecken wichtig. 

Wir lernen Räume kennen

Verkehrs-schilder	Verkehrsschilder helfen, sicher im Straßenverkehr unterwegs zu sein. Ihre Bedeutung ist wichtig.

 Fußgängerüberweg

Halt! Vorfahrt gewähren

Verbot für Radverkehr

 gemeinsamer Fuß- und Radweg

 getrennter Fuß- und Radweg

 Sonderweg Radfahrer

 Sonderweg Fußgänger

Beginn eines verkehrsberuhigten Bereichs

Ende eines verkehrsberuhigten Bereichs

Zeichen und Signale	Verkehrsteilnehmer können unterwegs nicht miteinander sprechen. Zur Verständigung helfen Zeichen und Signale.

 Mit dem Handzeichen zeigst du an, dass du abbiegen möchtest.

 Schnelle Einsatzfahrzeuge warnen dich mit Blaulicht und Martinshorn.

 Mit Hupe und Klingel machst du dich bei anderen Verkehrsteilnehmern bemerkbar.

 Im Dunkeln sind Leuchtstreifen an der Kleidung und der Schultasche wichtig.

Verkehrsmittel	Es wird zwischen privaten und öffentlichen Verkehrsmitteln unterschieden. Die einen gehören einzelnen Personen, die anderen sind für alle.

Private Verkehrsmittel	Öffentliche Verkehrsmittel
• Auto • Motorrad • Fahrrad • …	• Bus • Zug • Straßenbahn • U-Bahn • …

Wir lernen Räume kennen

Verkehrswege	Menschen und Fahrzeuge bewegen sich auf unterschiedlichen Wegen fort. An **Land** gibt es verschiedene Verkehrswege: Auf der Fahrbahn fahren Autos oder Busse, auf dem Radweg sind Fahrräder unterwegs, auf dem Schienenweg reisen wir mit dem Zug und auf dem Fußgängerweg gehen wir zu Fuß. Auf dem **Wasserweg** fahren Schiffe, Boote oder Fähren. Auf dem **Luftverkehrsweg** fliegen Menschen und Güter mit dem Flugzeug. Auch Hubschrauber oder Heißluftballons fliegen auf diesem Weg.
Vorteile und Nachteile von Verkehrsmitteln	Jedes Fortbewegungsmittel hat Vorteile und Nachteile. Nicht jedes Fortbewegungsmittel ist für jeden Weg geeignet.

Fortbewegungsmittel	Vorteile	Nachteile
	gut für die Gesundheit, Zeit zum Verweilen	langsam, bei Regen nass werden, keine weiten Strecken
	hält fit, schnell, schont die Umwelt, keine Abgase	bei Regen nass werden, anstrengend
	schnell, Sachen transportieren	Abgase, tanken, Parkplatzsuche, Stau
	viele Sitzplätze, schnell	feste Abfahrzeit, Fahrkarte kaufen, Stau
	viele Sitzplätze, kein Stau, Zeit zum Verweilen	Fahrkarte kaufen, feste Abfahrzeit, teuer
	sehr schnell, fliegt über Wasser, Sachen transportieren	Lärm, teuer, Abgase

Im Sommer

Das Tagpfauenauge

Das Tagpfauenauge ist an den vier Augenflecken auf seinen Flügeln zu erkennen. Mit den großen Flecken schreckt es seine Feinde ab. Faltet der Schmetterling seine Flüge zusammen, sieht er aus wie ein welkes Blatt. So tarnt er sich vor Feinden.

So entwickelt sich der Schmetterling:

1.

Das Weibchen legt im Frühjahr Eier.

2.

Nach 14 Tagen schlüpfen die Raupen.

 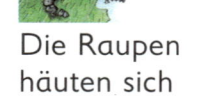

3.

Die Raupen häuten sich mehrere Male.

Das Tagpfauenauge verwandelt sich in seinem Leben 3-mal.

4.

Nach etwa drei Wochen spinnen sich die Raupen ein. Nun nennt man sie Puppe.

5.

In 2 bis 3 Wochen verwandelt sich die Raupe zum Schmetterling.

6.

Der Schmetterling schlüpft aus der Puppe. Er fliegt den ganzen Sommer.

Das Alter von Pflanzen

Pflanzen können unterschiedlich alt werden. Bäume und Sträucher sind mehrjährige Pflanzen. Sie leben eine lange Zeit. Der älteste Baum der Welt ist eine Fichte. Sie ist etwa 9 500 Jahre alt und wächst in Schweden.

Andere Pflanzen, wie die Sonnenblume, werden nur ein Jahr alt.

Aussaat im Frühling

Keimling im Frühling

Sonnenblume mit Blüte im Sommer

reife Samen im Herbst

Welken der Pflanzen im Herbst

Zum Ausschneiden

für Seite 15

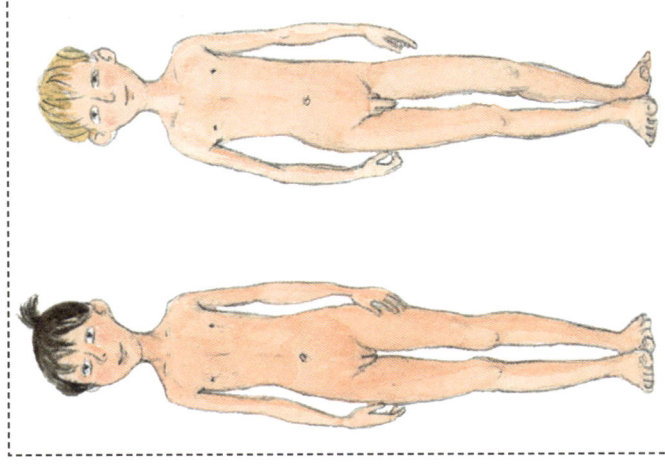

für Seite 44

für Seite 46

für Seite 56

für Seite 76

Für Lehrkräfte: Übersicht zur Rahmenlehrplanpassung und Farberläuterung

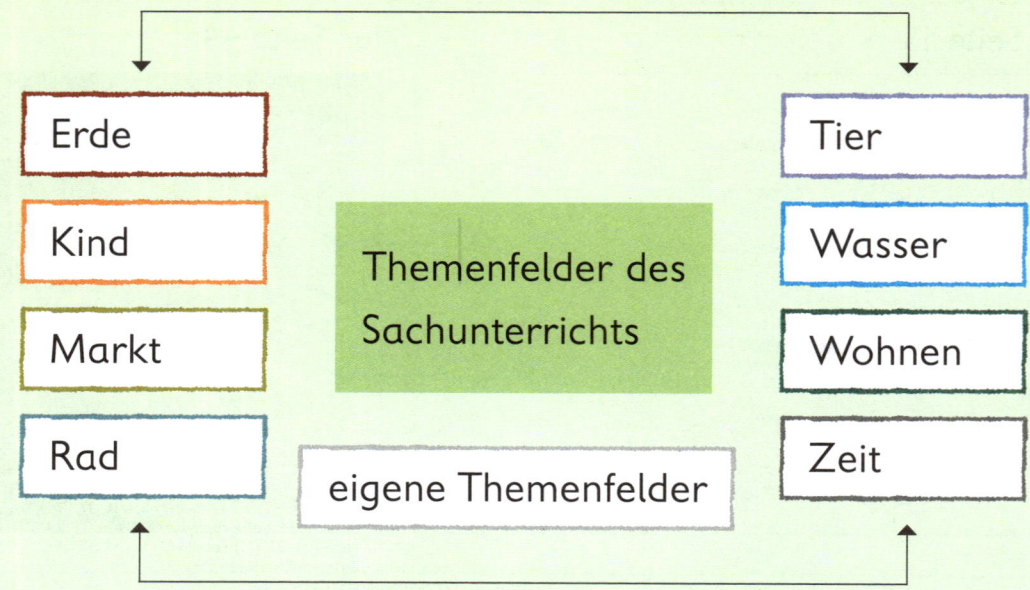

Themenfeld	Themen	Seiten im Arbeitsheft
Zeit	Kann man Zeit sichtbar machen?	3–8, 9–12, 13, 21–23, 25–32, 33–38, 44–45, 49, 75
	Was kehrt immer wieder?	3, 8, 9–12, 21–23, 33–38, 45–50, 75, 78
	Was verändert sich mit der Zeit? (Zyklen)	39–42, 44, 76–78
	Woher bekommen wir Wissen über die Vergangenheit?	42–43
Kind	Wie funktioniert unser Körper?	14–20
	Was ist für unser Zusammenleben wichtig?	3, 13, 47
	Welche Rechte haben Kinder?	18–19, 47
	(Kinder als Teile der Gesellschaft)	3, 24
Rad	Was bewegt sich wie?	51–54, 74
	Wie kam und kommt das Rad ins Rollen?	53–54, 55–58, 60–64, 69–70, 74
	Was ist im Straßenverkehr zu beachten? (Mit dem Fahrrad unterwegs)	59–62, 65–69
	Welche Verkehrsmittel und -wege gibt es?	70–74
	Sehen und gesehen werden, wie geht das?	66–67, 69
	Warum will ich woanders hin? (fakultativ)	72–74
Vernetzung mit weiteren Themenfeldern		
Erde	Wo befindet sich unsere Erde im All und wie ist sie aufgebaut?	12, 23, 49
	Welche Lebensräume findet man auf der Erde?	9–11, 21, 33–38, 45, 76, 78
Tier	Was für Tiere gibt es? Wie kann man sie einteilen?	9–11, 33, 36–38
	Welche Tiere leben bei uns?	9–11, 33, 36–38, 52, 76–77
Wasser	Wo kommt Wasser vor? Welche Gewässer gibt es?	12, 23
	Wer lebt im und am Wasser? (Wasser als Lebensraum, z.B. Teich, See, Fluss)	22–23